NINGUÉM É DE NINGUÉM

ECOS DE FILMAGEM

Coordenadora editorial: Tânia Lins
Coordenador de comunicação: Marcio Lipari
Capa, diagramação e projeto gráfico: Equipe Vida & Consciência
Preparação: Janaina Calaça
Revisão: Equipe Vida & Consciência

1ª edição — 1ª impressão
2.000 exemplares — abril 2023
Tiragem total: 2.000 exemplares

**CIP-BRASIL — CATALOGAÇÃO NA PUBLICAÇÃO
(SINDICATO NACIONAL DOS EDITORES DE LIVROS, RJ)**

A867e

Assis, Wagner de
Ecos de filmagem : reflexões, aprendizados e vivências na realização do longa-metragem "Ninguém é de ninguém" / Wagner de Assis. - 1. ed. - São Paulo : Vida & Consciência, 2023.
192 p. ; 23 cm.

ISBN 978-65-8859-971-6

1. Gasparetto, Zibia M. (Zibia Milani), 1926-2018. 2. Espiritismo. 3. Cinema - Produção e direção. I. Título.

23-82681 CDD: 791.437
CDU: 791

Este livro adota as regras do novo acordo ortográfico (2009).

Vida & Consciência Editora e Distribuidora Ltda.
Rua das Oiticicas, 75 – Parque Jabaquara – São Paulo – SP – Brasil
CEP 04346-090
editora@vidaeconsciencia.com.br
www.vidaeconsciencia.com.br

WAGNER DE ASSIS

NINGUÉM É DE NINGUÉM

ECOS DE FILMAGEM

Reflexões, aprendizados e vivências na realização do longa-metragem

SUMÁRIO

1 – *FADE IN* LITERÁRIO

Este não é um livro sobre bastidores tão somente. Seria simplório fazer uma coletânea de fotos, usar o texto do roteiro e os clichês "como foi lindo", "um presente pra mim", "a magia do cinema quando a câmera é ligada" para um projeto como este.

É claro que teve tudo isso nas filmagens. Houve também algumas "coisas indescritíveis" que nenhum livro de bastidores será capaz de descrever com 100 por cento de precisão: a câmera liga, toda respiração atrás dela fica suspensa por alguns segundos e materializa-se uma nova realidade à nossa frente. Ou a equipe se reúne no início do dia, alguém faz uma oração que emociona todo mundo, ouvimos uma música que fala de dias melhores, uma energia simbiótica surge entre nós e pronto! Torna-se um dia inesquecível.

Só a arte faz isso.

Portanto, este é um livro sobre as coisas que vivemos, experimentamos e aprendemos durante a realização do filme *Ninguém é de ninguém* e que, talvez para sempre, ecoarão em nós. Um livro também sobre o que esperamos que o filme faça ecoar em você.

Não se trata de uma história simples que foi para a tela: foi produzida por um fenômeno mediúnico há pouco mais de vinte anos, que fala de machismo, possessão, vida espiritual, trevas, luzes, amor, perdão, reencontros de vidas passadas, famílias destroçadas, psicopatia, assuntos que já eram importantes para a sociedade naquele tempo e que se tornaram vitais nos tempos atuais.

É um livro também para homenagear a autora Zibia Gasparetto, que teve uma vida incrível recheada de histórias incríveis — como esta dos bastidores das filmagens. Uma escritora notadamente "próxima" de seus leitores, que "conversava" diretamente com o íntimo das pessoas por meio de suas histórias, que ecoam para sempre em quem devora suas páginas. É também uma autora considerada "porta de entrada" para esse universo espiritual. Muita gente conta que o primeiro livro que leu e que aborda temas ligados à espiritualidade foi de Zibia. É como uma "porta de entrada" para um novo universo.

No mais, abra seu coração e seu espírito para as coisas que compartilharemos aqui. Há dor, gatilhos, vida pessoal misturada com ficção. Há gente nos bastidores chorando com cenas que rememoram situações reais que viveram. Há também aquelas famosas fofocas espirituais — nesse caso, precisaremos inventar uma palavra melhor, sem ser pejorativa, para explicarmos essas coisinhas lindas e queridas que acontecem no mundo invisível e valem o registro.

Cinema é trabalho árduo, coletivo, intenso. Ninguém passa impune por um filme — seja para o bem ou para o mal. Ele reverbera para sempre naquele que o realizou e tem esse poder inicial que se estende para as telas. Também quer ficar ecoando na sua mente, relembrando aquele momento, a cena, a fala, o olhar. Afinal, filme é para sempre.

Um livro como este... bem, um livro quer namorar seu leitor. Quer ser acariciado, revirado, observado em seus detalhes mais íntimos. Quer se abrir e se revelar com seus subtextos, mesmo sem pedir de volta os mesmos movimentos. Quer sussurrar pensamentos, a atmosfera, nuances que as câmeras, por exemplo, não precisam captar.

Um livro como este quer também mergulhar num oceano que transcende as fronteiras do real e do imaginário. É um mergulho para o alto, em que, talvez, todas as formas de artes se encontrem.

Um livro como este encontra um filme como aquele e, juntos, encontram você, espectador, leitor, alguém que é a razão de ambos existirem.

Seja bem-vindo(a) a este livro e encontre uma médium perseverante, consciente de sua função, acima das críticas — infundadas, vamos logo avisando

— e apaixonada pela família e por sua missão no mundo. Uma médium com uma história maravilhosa além do tempo.

É um livro também sobre Lucius e o que pudemos apurar dele. Esse companheiro de dezenas de livros, mas, antes de tudo, companheiro de vidas, de histórias e histórias. Artista sim, narrador com estilo próprio, filho dos tempos dos grandes folhetins. Interessado no ser humano e em seus incontáveis dramas, romances e aventuras. Todas as suas histórias são baseadas em fatos.

Lucius e Zibia, que já foram casal em outra vida, segundo ela mesma contou, nos rendem ecos dessa relação com *Ninguém é de ninguém*.

Lançado em 2000, o livro não só alçou o gosto do leitor com mais de um milhão de cópias vendidas (e contando), tornando-se, assim, um *best-seller*, como também acertou em cheio um assunto que, naquele longínquo ano, ainda se esgueirava pelas notícias dos jornais e quase não era consenso ou código de convivência.

Hoje, o título poderoso fala de ciúmes, de possessividade, sempre com aquele olhar diagonal que a descrição das realidades espirituais provoca. É um tema extremamente relevante por também apresentar um relacionamento cheio de doença — tóxico, para ser mais exato.

Os ecos de filmagem nos lembram os estudos que fizemos e que aqui estarão abordados. Uma sociedade machista, absolutamente subvertida por um paradigma que atravessou séculos — a figura do homem —, mas que, agora, começa a ruir.

Tudo isso só tem sentido se nos perguntarmos: "E se a morte não for o fim de tudo?". Confirmadas essas expectativas, preparemo-nos para um novo mundo. Nele, os ecos de realidade ganham outros contornos. O machista sofre as consequências de seu machismo, e a egoísta e assassina não fica impune por seus atos. Ou melhor, tudo muda de olhar.

Se deixarmos os ecos dessa nova realidade reverberarem ainda mais em nós, veremos também que o entendimento de que somos uma linha do tempo, que se divide em vidas e vidas, também tem a capacidade de mudar tudo.

Vidas passadas, experiências fracassadas, dores acumuladas. Já se foi o tempo em que alguém diria: "Se existir vida passada, eu devo ter sido a Cleópatra", ou então a célebre: "Só posso ter jogado pedra na cruz". Se existir vida passada, somos o resultado dela. Delas. E nossos padrões de vida, nossas imperfeições, nossos desejos inconfessos, assim como nossos talentos e nossas virtudes foram forjados nessas vidas e continuam sendo testados no presente.

Se existir vida passada, como nos conta a história de *Ninguém é de ninguém*, estamos diante de uma nova e imponderável realidade — e ela ecoará mais forte, queiram os céticos ou não. Afinal, se existir vida passada, existirá vida futura. E as ideias de plantar e colher, de ser responsável pelos próprios atos, de saber que somos o resultado de nossas próprias ações (e não de um Deus punitivo) ecoarão e impregnarão nossa vida hoje.

Nessa história, ela é preponderante. O que une pessoas? Um amor tipo "comercial de margarina"? Erros e dores que ficaram em outros tempos? Projetos de recomeços, resgates? Ou de auxílio e caridade? Como encarar esse tal passado, que nós esquecemos, mas que não é absolvido pela morte? Nossos atos e nossas pendências são as contrapartidas de novas vidas, novas pendências?

Este livro, *Ecos de filmagem*, não quer ficar de fora de um momento extremamente importante da história contemporânea e mostra como foi filmar ainda sob o impacto de uma dura pandemia. Se já era complicado, ficou quase... apenas quase, impossível.

Mas a criatividade é mãe da necessidade. Cinema é arte e indústria. Uma vez que nos juntamos para fazer, a magia acontece!

Magia, ecos, fronteiras, as palavras aqui estão parecendo filme de realismo fantástico. Melhor começar, senão vamos até falar de espíritos, obsessões, umbral.

Opa...

2 – ZIBIA E LUCIUS

Ela entrava em um pequeno escritório da casa e fechava a porta por volta das 15 horas. O descanso do almoço frugal já lhe preparara as energias. Colocava uma música suave (clássica, na maioria das vezes), abaixava a luminância até o nível de penumbra, ligava a tela do computador também com luz baixa, relia os dois últimos parágrafos do texto que aparecia, fechava os olhos e fazia uma oração para ser um veículo de comunicação. O mais eficiente possível. O mais imparcial possível. Agradecia também a Deus pela missão de ajudar pessoas com o que estava escrevendo e conclamava seus amigos espirituais para o auxílio na tarefa.

Do lado de fora, a família já sabia que era o momento de fazer silêncio, de não incomodar de forma alguma a mulher que estava lá dentro do quarto. De vez em quando, era possível sentir perfumes no ar. Presenças entrando e saindo do cômodo. Invisíveis, a bem do fato.

Em seguida, ele chegava. Aparência dos tempos da maturidade. Ainda um bigode no rosto. Alguns papéis embaixo do braço — ou um aparelho que hoje poderia ser similar a um *tablet*. Saudava a família, pedia que Deus abençoasse aquela casa, deixava um ou dois amigos de pé diante da entrada, sendo que outros dois ou três estavam nas portas da rua e mais alguns outros espalhados pelo ambiente, realizando atividades diversas.

Atravessava a porta e encontrava a amiga em seu estado de meditação, prestes ao transe mediúnico. Abria seu "arquivo" já escrito e orava a Deus, agradecendo-Lhe a chance do trabalho. Em poucos segundos, sua mente conectava-se à mente dela. Tudo o que falasse ou pensasse iria ser captado por ela, que estendia as mãos para o teclado e começava a descrever, conforme ele falava — ou lia —, a continuidade da história.

Ela é Zibia Milani Gasparetto, brasileira, paulista, nascida em 1926. Casada com Aldo Gasparetto, descendente de italianos, da região do Veneto, mãe de cinco filhos, avó de nove netos, fundadora de um centro espírita chamado Caminheiros. Médium.

Ele é Lucius. Espírito. Em sua única imagem conhecida por nós, tem a aparência da corte espanhola. Olhar doce, que parece aquelas portas para um mundo fascinante de quem já viveu muito e trabalha, entre outros afazeres, para contar suas histórias.

Zibia e Lucius formam uma dupla que envolve compromisso, lealdade e respeito. Amizade e amor. Ela é o veículo por meio do qual ele transmite suas histórias, entre outras partes dessa relação divina.

Todos os dias, por anos e anos e por dezenas de títulos. Claro que o computador só entrou nessa descrição bem mais tarde. No início, foi à mão. Depois, máquina de escrever. Máquina elétrica. E, enfim, a tecnologia veio ajudar.

Por cerca de uma hora e meia, duas horas, Zibia, como boa datilógrafa, digitava sem parar, freneticamente, sem pensar, apenas transmitindo o que sua mente captava — e via e sentia! —, com todas as cenas narradas. Como espectadora privilegiada de dezenas de livros, ela sofria. Os cadáveres trocando de roupa em *Entre o amor e a guerra*. As traições. As ameaças às famílias. Vinganças. Amores passionais.

Uma vez, começou a escrever um livro novo e, já no primeiro capítulo, assim que acabou o trabalho, saiu do escritório aos prantos. "A mulher ficou nervosa porque o marido traiu ela... e morreu atropelada...", ela disse para filha, como "espectadora" privilegiada da trama. Demorou uma semana para se recuperar e recomeçar a escrever *A verdade de cada um*, outro sucesso.

Seu campo de observação, por meio da projeção mental de seu mentor, era tão grande que, certa vez, a filha Silvana viu uma das imagens: uma menina subindo no ombro do irmão para olhar o subsolo de um castelo, onde espíritos estavam aprisionados — uma das cenas mais marcantes do romance *Esmeralda*. Logo após aquela sessão, Zibia contou que a filha vira a mesma cena que ela escrevera momentos antes. Detalhe: era uma visão de uma vida passada.

Trabalhadora disciplinada, a mulher, que um dia sonhou em ser jornalista ou advogada, chegou a dedicar-se a escrever um livro às segundas, outro na terça, outro na quarta e mais um na quinta. Na sexta, o trabalho era para mensagens diversas que vinham dos espíritos. As visitas ao quarto sagrado eram maiores. Jornalistas como Silveira Sampaio, por exemplo, frequentaram o local também com propostas de trabalhos.

Assim, quatro diferentes histórias eram produzidas concomitantemente em sua época mais prolífera de trabalho. Quem já ousou escrever uma história com o esforço criativo sabe que isso seria praticamente impossível, não fosse o processo mediúnico estabelecido. Claro que Lucius já havia escrito essas histórias antes — a grande maioria delas aconteceu em meados do século XX ou mais antigamente. E, conforme sempre afirmava, todas eram baseadas em fatos.

Esse projeto literário, que não pode deixar de ser classificado como ousado e corajoso, começou com o livro *O amor venceu*, em 1958. Zibia era uma das frequentadoras e estudantes da Federação Espírita do Estado de São Paulo já havia alguns anos. Sua chegada à instituição aconteceu porque os fenômenos ligados à sua mediunidade não paravam de atordoá-la. Sem noção do que estava acontecendo, Aldo, marido da autora, que cuidava de um curtume como empreendimento da família, resolveu procurar ajuda para conter e entender os fenômenos com a esposa.

Um dia, ela acordou falando alemão. Não tinha a menor noção da língua de Goethe. Noutro, com dores de cabeça que remédio algum sanava e que melhoravam só quando dormia prostrada por horas e horas. Também sentia calafrios e dores nos dois braços, que pareciam "inchados". Tinha insônias e taquicardias. Por quase dois anos, todos os exames diziam que seu corpo físico estava saudável, mas ela insistia em não dar veracidade para uma das hipóteses: espiritualidade.

Católica não praticante, Zibia tinha uma mistura de medo e comodismo em procurar respostas para suas intempéries, mas Aldo não aguentou ver a esposa como um joguete de forças invisíveis e incompreensíveis. Um amigo, então, levou-o à Federação Espírita de São Paulo para uma consulta.

Logo ele começou a perceber que os fenômenos que acometiam sua esposa tinham uma grande e provável explicação: eram realmente provenientes de outro mundo, da influência de espíritos — ou seja, pessoas como nós, que já tinham morrido e não tinham mais o corpo físico, que existiam em dimensões paralelas.

Havia uma literatura preponderante sobre o tema, e Aldo não hesitou em ler *O Livro dos Espíritos* e

O Livro dos Médiuns o mais rápido possível. Também não pensou duas vezes em marcar uma sessão para Zibia comparecer. Ela estava em uma grande crise com dores de cabeça e mal conseguia abrir os olhos.

Chegou ao local e sentou-se para tomar um passe. Em questão de segundos, conforme relatou ao marido, a dor desapareceu. Milagre? Não. A ação do espírito que provocava a dor foi interrompida. Como assim?

Assim mesmo. Ela se rendeu à dolorosa evidência, e os anos de sofrimentos inexplicáveis ficaram para trás. Sua mediunidade começou a ser "educada", ou "desenvolvida", como alguns espíritas preferem indicar. Para Allan Kardec, em seu livro sobre médiuns, todos nós somos portadores de algum tipo de mediunidade. Uns exercitam-na mais ostensivamente. Outros, nem tanto. Há também aquelas pessoas que são portadoras de mais de um tipo de capacidade mediúnica. Zibia foi facilmente identificada como uma dessas.

Ela poderia escrever o que ouvia em sua mente sendo ditado. Como saber que não era dela? Só ler o conteúdo, a forma de escrever, a velocidade. Para uma mulher que sempre foi ávida por aprender a ler — aos quatro anos, já pegava pedaços de jornal e pedia que as pessoas lhe dissessem o que estava escrito neles —, mas cuja trajetória educacional e, diga-se de passagem, o machismo estrutural da sociedade não permitiram que avançasse além da quarta série do primário, o conteúdo das primeiras mensagens era absolutamente idôneo para indicar que não eram dela.

Ela confirmou o que a família já sabia — seus pais, Fani e Antonio, não presenciaram os fenômenos, mas, depois que Zibia se casou, estabeleceu o próprio núcleo familiar e depois do nascimento dos primeiros filhos, a mediunidade da autora eclodiu não só sob a forma de textos, mas também por meio da capacidade de ver os espíritos (esporadicamente, como ela mesma afirmava) e de produzir, a partir de seu próprio ectoplasma, cheiros e perfumes, ou permitir que os espíritos interagissem com objetos na casa.

Ela descobriu também que era capaz de segurar um objeto de alguém e, concentrada, visualizar fatos e informações a respeito da vida de seu dono. O fenômeno é chamado de psicometria.

Tudo isso foi sendo observado e praticado durante os primeiros anos na Federação Espírita. Ela teve a sorte de estar num grupo de grandes estudiosos da doutrina codificada por Kardec — como Edgard Armond, ilustre pesquisador do espiritismo, e de trabalhadores incansáveis, como Guiomar Albanesi, fundadora de um dos maiores centros espíritas do Brasil, o Perseverança, localizado em São Paulo.

Zibia também esteve com o médium mineiro Chico Xavier por muitas vezes. Ele e sua espantosa capacidade de se relacionar com o mundo espiritual não perderam a chance de aconselhá-la: "Estou com o doutor Bezerra aqui do meu lado, e ele diz que, se você permanecer na ética e na moralidade cristã, vai precisar abrir um local só pra você e que ele estará contigo sempre", informou Chico.

O aviso veio como um susto para Zibia. Afinal, já haviam se passado mais de vinte e cinco anos convivendo na Federação Espírita, em que ela dava aula de espiritismo para gestantes, cuidava de inúmeros afazeres da Casa Transitória — uma instituição fundada pelos diretores da Federação para atuar no campo social —, assim como o marido Aldo, que ficou trinta e cinco anos como voluntário no local e ocupou diversos cargos.

Na época do conselho de Chico, Zibia já havia publicado seus primeiros livros. O primeiro, *O amor venceu*, foi escrito e desenvolvido entre as aulas de aprimoramento mediúnico. O dono da editora CEL — que, mais tarde, se tornou a Lake Editora —, Roberto, recebeu os originais de uma tímida Zibia, que lhe pedia para avaliar o material. No dia seguinte, já tinha a resposta: vamos publicá-lo, porque é muito bom.

E assim a jornada de sessenta livros começou. Zibia tinha 32 anos e já era mãe de Pedro e Luiz Gasparetto. Em breve, viriam Irineu e Silvana, e ela adotaria Maria Lucia. Era dona de casa, voluntária assídua de todos os trabalhos sociais da Casa Transitória, esposa e mãe, além de, todos os dias, trabalhar mediunicamente com Lucius, o devotado companheiro.

É preciso lembrar que a relação com o autor espiritual transcendia a literatura. Lucius estava sempre por perto nos momentos em que precisava "corrigir" alguma postura da companheira de trabalho e aproveitava essas oportunidades para transmitir-lhe lições éticas e morais na ótica dos espíritos evoluídos. Os preconceitos, os modelos mentais, as imperfeições, todas as vicissitudes eram, de alguma forma, colocados em pauta para que ela pudesse aprender com eles.

Sua observância quanto à postura nos casos da sociedade e a vigília quanto à sua atividade emocional e mental demandariam dela uma disciplina rígida, porque, se a autora não estivesse "bem de cabeça", o processo de trabalho mediúnico não teria sucesso. Só com o tempo, ela pôde estar plenamente apta e criar o ritmo de produzir quatro livros ao mesmo tempo. E, só com o tempo, os livros estariam cada vez mais impregnados de algo que a ciência moderna ainda não conseguiu desvendar.

Fato é que os leitores de suas histórias relatavam costumeiramente impactos profundos de transformações em suas vidas. Muitos também sentiam "o cheiro da cena". Essa espécie de alquimia quântica era relatada por centenas de cartas que chegavam, semanalmente, à casa de Zibia.

A filha Silvana lembra-se de um concurso que foi feito com os relatos dos leitores sobre as experiências que viviam enquanto liam os livros. "Eu comecei a me lembrar de uma vida passada naquela mesma época"; "o amor que a personagem sentia me fez perdoar as pessoas que me fizeram mal"; "eu vi o quanto sou vingativa"; e daí por diante. Literatura que provoca catarse não é algo de outro mundo, mas a conexão que as histórias produziam nas pessoas era. E talvez nem precisemos de ciência para entender o que a arte — principalmente a que transcende mundos — seja capaz de fazer.

Até porque o reconhecimento de situações pessoais não era privilégio somente dos milhões de leitores. A própria família também sabia que, vez ou outra, suas histórias estariam traçadas nas linhas com personagens de outros nomes — como no caso de Silvana em *Esmeralda*.

O próprio Lucius relatou para Zibia que *Laços eternos*, um de seus campeões de venda, é basicamente uma biografia do grupo familiar que vivia ao redor da escritora. O assunto é tratado com reserva por eles, mas não negam.

E, juntos, acompanharam a coragem de Zibia quando ela finalmente decidiu abrir uma casa espírita e administrar os direitos autorais dos livros que escrevia. Com a desencarnação de Aldo, os gastos para manter todo o trabalho que faziam eram muito maiores do que as possibilidades financeiras da família. As vendas dos livros, portanto, vieram para sustentar todo o trabalho social e a própria existência da autora e de seus familiares.

Depois do conselho do Chico e do aval do doutor Bezerra de Menezes, ela tomou coragem e, com uma amiga, começou a fazer reuniões na garagem de casa, no bairro do Ipiranga. O grupo cresceu e começou a usar também o quarto dos empregados. Depois, precisou de mais espaço, e Aldo comprou uma casa onde criaram o Centro Espírita Caminheiros.

Em seguida, o filho Luiz Gasparetto, que também realizava muitos trabalhos mediúnicos, assumiu com a mãe a criação de uma editora para gerir as dezenas de trabalhos. Zibia ainda continuava dando aulas na Federação Espírita, mas seu tempo ficou escasso, e ela precisou de afastar. Foi então que as críticas vieram, eivadas por administrarem os recursos das vendas dos livros.

Aqui, vale abrir aspas para a filha Silvana:

> Acho que o meio espírita precisa aprender a lidar com temas como prosperidade, multiplicação de recursos para mais trabalhos, e acabar com o complexo de "coitadismo" que afeta uma parte dele. Somos capazes de criar coisas boas, fazer obras sociais e seguir adiante dentro da ética e da moral cristã, sem precisar ter medo do dinheiro.

Luiz Gasparetto também foi um médium conhecido e suas participações nos meios de comunicação ajudaram a alavancar o sobrenome da família. Pintava quadros de artistas conhecidos já desencarnados, fazia palestras, buscava ampliar o conceito de espiritualidade para todos, entendendo que os livros de sua mãe tinham uma característica de "abertura de portas" para muitos leitores a respeito do mundo espiritual.

Com o tempo e a exposição pública, o Caminheiros chegou a atender mil pessoas por dia com tratamentos espirituais, mas também as auxiliando com alimentos, roupas, recolocação no mercado de trabalho, exames e tantas outras necessidades cuidadas pelos profissionais voluntários do local.

Com o passar dos anos e a explosão da mídia, Luiz convenceu a mãe a levar sua mensagem para os meios de comunicação audiovisuais. Por alguns anos, ela também assinou uma coluna nas revistas *Contigo!* e *Ana Maria*, além de produzir vídeos em que falava da doutrina espírita e de espiritualidade em geral.

Vale ressaltar que praticamente todos os descendentes diretos de Zibia atuam no campo mediúnico. Até o cachorro da família, se duvidar, é médium.

Zibia voltou para o mundo espiritual em 2018. Seus livros e suas histórias já alcançaram a marca de mais de 20 milhões de exemplares vendidos. Para o cinema, os livros *Nada é por acaso* e *Ninguém é de ninguém* já foram adaptados, mas ainda há outros a caminho. No teatro, *O advogado de Deus, Esmeralda, O amor venceu,* entre outros, já foram encenados.

Zibia e Lucius, certamente, trabalham no mundo espiritual e novas histórias estão sendo criadas...

3 – A HISTÓRIA NA TELA

Uma família brinca num parque. Gabriela, 35 anos, bela, elegante, segura, é advogada assistente num importante escritório e o exemplo de mulher pós-moderna bem-sucedida. É também mãe, esposa, dona de casa e, para seu orgulho, uma profissional competente e com um futuro brilhante. Os filhos dela são Guilherme, 10 anos, e Maria Clara, oito anos. Ela é casada com Roberto, 40 anos, dono de uma empreiteira em São Paulo.

A alegria daquele momento quase "propaganda de margarina" não deixa de ser contagiante. Tão "perfeito" que se pode até questionar se é real. E a questão começa a ser respondida quando o telefone de Gabriela toca. Entretida com os filhos, sem que ela veja, Roberto vê "Doutor Renato" na tela. Uma chamada, duas... ele não resiste e atende, mas ninguém responde. O olhar de Roberto muda, sua respiração aumenta, e perguntas, certamente, lhe invadem a mente. Por que não responderam ao ouvir sua voz? Sua mulher teria segredos para ele?

Gabriela aproxima-se e pega o aparelho. "Seu chefe ligou", avisa Roberto. "Você não vai ligar de volta?", quase ordena o marido. Gabriela concorda. Deixa o celular de lado e afasta-se com as crianças. Roberto vai mergulhar no aparelho — mas ela volta e pega. A respiração dele está suspensa. Seus punhos estão retesados; sua boca, retorcida. Pois é, a família não é tão perfeita assim.

Gabriela, de biquíni, e Roberto tomam sol no parque com as crianças. A beleza dela chega a incomodá-lo, e, para piorar a situação, um homem passa olhando-a de cima a baixo. Irritado, Roberto questiona se a esposa precisa ficar tão desnuda, mas Gabriela não dá bola.

No caminho de volta para casa, Roberto tenta argumentar docemente "pela enésima vez" que Gabriela não precisa trabalhar, pois ele pode dar conta dos gastos da casa. Gabriela responde pela "enésima vez" que gosta do que faz, não quer acabar com sua vida profissional e que pretende seguir adiante dessa forma. Antes de ele pensar em reagir, seu telefone toca. Ele ouve tudo em silêncio. Sepulcral, quase. A notícia é um desastre: seu sócio, Neumes, deu um desfalque na empresa e fugiu com todo o capital dela. Em resumo, Roberto está falido.

Depois das reuniões com o banco, a polícia etc., Roberto volta para casa arrasado. Gabriela, boa esposa sempre, tenta ajudá-lo. Diz que pode pedir apoio para o doutor Renato no processo judicial. A frase é um petardo. Ele "já fez tudo o que podia fazer", dispara. Não quer "carinho" nem a "piedade" dela assim; quer apenas que ela cuide da família, enquanto ele vai ao mundo recuperar o que lhe foi roubado. Vai "caçar" o maldito sócio, custe o que custar, e precisa que ela lhe dê suporte. "Por trás de um grande homem, há sempre uma grande mulher", quase declama.

No dia seguinte, Roberto abre os olhos e entrevê Gabriela maquiando-se no espelho do *closet*. A roupa bela e que modela seu corpo é como um soco para ele. Gabriela olha para o marido jogado na cama e sai.

Gabriela deixa os filhos na escola, mas seu carro simplesmente apaga na frente da instituição de ensino. Despachada e rápida, ela liga para o seguro, pede ajuda para um dos funcionários da escola e pega um táxi.

Durante uma reunião na empresa onde Gabriela trabalha, o rosto de Roberto aparece no aparelho da advogada, mas ela não atende. É uma reunião histórica para ela, pois, finalmente, seu talento está sendo reconhecido. Renato e seus outros dois sócios, um mais velho e a outra mais nova, propõem que Gabriela seja uma nova associada. Renato é um homem muito bonito, de fala mansa e que desfruta da calma que a maturidade precoce aos 40 anos — amparada pela independência financeira — pode trazer.

Ele é casado com Gioconda, 35 anos, uma ex-modelo e filha de italianos, e tem com ela dois filhos: Ricardinho, 10 anos, e Célia, oito anos. Profissionalmente,

Renato está satisfeito com as ponderações sempre assertivas de Gabriela, com sua proatividade e suas intuições. Por isso, ele resolveu oferecer-lhe ser cotista do escritório, o que significa aumentos substanciais de trabalho, mas também de recursos. Gabriela aceita a proposta com prazer.

Após o fim da reunião, Roberto liga para Gabriela por meio de uma chamada de vídeo e pergunta se ela realmente está na empresa. A advogada, então, vê-se forçada docemente — e quase constrangida — a mostrar onde está. Roberto diz que vai à empresa, que as dívidas são muito grandes e que pretende ir atrás de Neumes. Revela também que está se sentindo muito perdido, e Gabriela pede ao marido que ele se controle um pouco. O teatro, contudo, é explícito e malfeito, e ele finaliza afirmando que irá buscar as crianças na escola, mas Gabriela não parece prestar atenção.

Renato está saindo da empresa quando vê Gabriela na portaria. Está prestes a chover. Ele oferece carona até a escola das crianças, e ela aceita.

Atrasada, Gabriela busca os filhos na escola. Os pequenos estão tão chateados por terem sido os últimos a ir embora que não percebem que o carro não é da mãe e simplesmente entram no veículo. Gabriela, constrangida, pede que eles saiam, mas Renato avisa que não tem problema e oferece uma carona para deixar a família da advogada em casa. O momento seguinte é daqueles: o carro segue, Roberto se aproxima e vê

Gabriela dentro do veículo. Desnorteado e possesso, ele grita na rua.

Renato chega em casa, e Gioconda está arrumada para saírem. Ela é uma mulher bonita, mas alguma coisa falta no casal — química ou paixão, que ficou perdida no passado. Ela insiste, e ele cede.

Roberto finalmente chega em casa e se depara com Gabriela acabando de se arrumar. Animada, ela conta ao marido sobre a promoção e pede que eles saiam para jantar e comemorar. Roberto afirma que não está com cabeça para isso e sobe para o quarto, mas não antes de perguntar como a esposa voltou para casa.

Sem clima para jantar, Gabriela e Roberto se arrumam para dormir. Ela se antecipa e diz que está muito cansada, evitando-o. Mas não tem jeito. Roberto tenta transar. Para manter sua vontade, ela se esquiva e vai dormir na sala.

No dia seguinte, Renato promove um coquetel para os parceiros do escritório — clientes, fornecedores e outros amigos advogados — para apresentar Gabriela como a nova sócia. Roberto está suando frio e fingindo que ainda tem dinheiro, mas olha todos os homens ao redor. Gabriela exige que ele se comporte. Roberto vai ao banheiro, tranca-se lá e soca o balcão. Ao sair, vê Gioconda. Ela pergunta coisas sobre o casamento dele e sobre Gabriela, e Roberto percebe que ela também tem ciúmes do marido.

Roberto, então, resolve escrever um bilhete para Gioconda naquela mesma tarde e escondê-lo na bolsa da ex-modelo antes de sair. Gioconda, antes de dormir e de tentar transar com Renato — algo que ele vai negar, pois está cansado —, vê o bilhete. "Eles são amantes."

Gioconda fica desesperada e decide encontrar-se com Roberto. A mulher questiona se ele tem certeza do que afirma, e ele alega que "está tudo bem na nossa frente". Gioconda, então, concorda que Renato e Gabriela estão realmente tendo um caso e que precisam acabar com tudo.

Em casa, Gabriela desabafa com Nicete, a empregada, sobre seu relacionamento falido. A doméstica explica que alguns débitos são de vidas passadas. Gabriela não tem a menor ideia do que ela está dizendo.

Gabriela resolve ter uma conversa definitiva com o marido, mas ele se antecipa, elogiando-a, avisando que vai levar as crianças à escola e reafirmando o quanto a ama. Gabriela fica tocada, quase surpresa, com tantas gentilezas. Ela diz que o ama e sai para trabalhar.

No dia seguinte, no entanto, o mundo cai para Gabriela — explode uma denúncia de uma fraude milionária envolvendo justamente a advogada. Como sócia, ela teria acesso à conta principal da empresa. Renato fica atordoado, sem acreditar. Gabriela jura inocência, mas é afastada da empresa, por exigência da outra sócia.

Gabriela está aos prantos em casa, enquanto Roberto tenta controlar sua alegria. Ele não acredita que a esposa não roubou a empresa e afirma que é só ela devolver o dinheiro. Exausta, a advogada reafirma que não fez nada disso. Roberto não a escuta e sugere que eles recomecem a vida no Rio de Janeiro.

À noite, Gabriela está frágil, e Roberto força uma relação não consentida por ela.

Renato sente falta de Gabriela no escritório e contrata um amigo, que é detetive, para investigar o caso. Mas nem foram necessários muito tempo e esforço para o detetive descobrir que a esposa do advogado estava envolvida no ocorrido. Gioconda fora vista na agência, e o gerente confirma que, no mesmo dia, houve saques enormes feitos com a assinatura falsificada de Gabriela. A fraude é clara. Renato descobre tudo.

Ele vai até a casa de Gabriela para conversarem, mas, ao chegar lá, depara-se com com Roberto. Os dois discutem, e Roberto expulsa Renato da residência. Mais tarde, quando Gabriela finalmente chega em casa, Nicete conta para a patroa que o advogado fora atrás dela. Roberto tenta desmentir a empregada, mas Gabriela não acredita nele. O casal discute, e ele acaba empurrando-a. A advogada cai e machuca a cabeça. Ela sobe para o quarto, pega alguns pertences e sai de casa.

Gabriela chega à empresa, e Renato lhe conta tudo. E mais: ele revela que o marido da advogada talvez esteja envolvido no ocorrido, pois foi visto com

Gioconda um dia depois da fraude. Gabriela vê as fotos apresentadas pelo detetive. "Eles estão tendo um caso?", ela questiona. "Não. Eles acham que nós estamos tendo um caso", Renato responde. Silêncio. Gabriela fica constrangida, sem saber o que dizer. Eles conversam abertamente sobre o respeito que têm um pelo outro e não deixam transparecer sentimento algum, senão o profissionalismo e a amizade decorrentes disso. Exceto por uma ou outra atitude — ela ajeita o cabelo, e ele pega na mão dela —, não sabemos se realmente existe atração entre eles.

Renato insiste para que Gabriela volte ao trabalho naquele dia, mas a advogada responde que vai pensar. Antes, ela precisa resolver seu casamento, pois não pode continuar vivendo com uma pessoa tóxica, machista e ciumenta. Ela decide que exigirá do marido que ele faça tratamento "de verdade" ou vão se separar.

Gabriela está no escritório, quando sua assistente avisa que Roberto está na portaria. Ela pede que proíbam a entrada dele na empresa. A advogada, então, vai até a entrada para expulsar o marido, mas, ao chegar lá, se depara com Gioconda vindo em sua direção. A modelo saca uma arma e ameaça Gabriela na frente de todos. Roberto pede que a esposa se proteja, porém, antes que ela possa fazer qualquer coisa, Gioconda dispara. Roberto pula na frente de Gabriela, e o tiro acerta nele.

Gioconda foge, e Roberto é operado. Gabriela sente-se culpada, arrasada. "O que eu fiz? Será que dei motivos?", ela questiona-se. Renato aparece para ajudá-la e oferece-se para pagar todo o tratamento do marido da advogada.

A vida de Roberto é salva, mas ele fica em coma. Gabriela, no CTI, diz para o marido que jamais o traiu, que nunca faria isso e o agradece por ter lhe salvado a vida. Ele parece ouvi-la, aperta-lhe a mão, e uma lágrima escorre.

Renato oferece uma carona para Gabriela, mas ela recusa. Eles são realmente grandes amigos agora, mas ela "não quer dar mais motivos" de desconfiança. A advogada também não sabe se voltará para a empresa depois de toda a confusão.

Em casa, Gabriela recebe o apoio de Nicete, que afirma que Roberto ter pulado na frente da patroa "foi um resgate".

No dia seguinte, surpreendentemente, Roberto sai do coma e volta para casa. Muito abalada com tudo o que aconteceu, Gabriela acaba dando mais uma chance ao marido.

Renato, por sua vez, vai até a delegacia encontrar-se com Gioconda. Ele afirma que nunca teve um caso com Gabriela e explica que pedirá um *habeas corpus* apenas pelo bem dos filhos. Gioconda, inconformada, grita que ele é dela.

Roberto visita a obra atrás de informações sobre o paradeiro de Neumes. Um dos peões, que o conhece de longa data, pergunta ao empresário como está o casamento. Roberto não entra em grandes detalhes, mas, ao ouvir do pedreiro que "a cabra está domada" por conta de um amigo, ele pede o telefone do rapaz.

Roberto vai a um local de magia negra e pede ao senhor que Gabriela seja "aprisionada" em casa, ajudando-o, servindo-o e sendo sua companheira. O homem diz que vai atender ao pedido, mas isso tem um preço. Roberto garante que paga.

Roberto chega em casa e surpreende-se. Gabriela está em casa e veste uma camisola bonita. Está sonada, muito cansada, e diz ao marido que resolveu o assunto do escritório. Atendendo ao pedido de Roberto, ela não vai mais trabalhar por um tempo.

No quarto, depois de colocar as crianças para dormir, Gabriela, surpreendentemente, é possuída por forças que desconhece e procura o marido com um apetite sexual voraz que nem Roberto conhecia. Sim, a magia estava fazendo efeito.

Já em casa, Gioconda liga para Roberto, querendo saber do casamento dele com Gabriela. Roberto não aceita conversar mais com ela e diz que, "da sua parte", está tudo resolvido. Ele também afirma que Gabriela não faz mais parte da vida de Renato e pede que Gioconda nunca mais ligue para eles.

Roberto desliga o telefone e sente-se exultante. Gabriela, contudo, está mal — ela começa a emagrecer muito, tem olheiras e perde a vaidade. Nem de longe, é a mulher linda do início da história. Com sono o dia inteiro, a advogada agora vive deitada no sofá, olhando para a televisão. Quando entram no quarto, contudo, ela se transforma, quase animalizada, insaciável, para agradar o marido. Roberto, feliz, sorri e chora ao mesmo tempo. Tudo está perfeito. Só falta recuperar o dinheiro que lhe foi roubado.

Renato fica sabendo do estado de Gabriela por meio de Laura. Ele, então, vai à casa da advogada, espera Roberto sair e tenta falar com Gabriela, que está irreconhecível. Ela não quer ouvi-lo, o recebe aos gritos e o expulsa de casa.

Roberto encontra-se com o senhor que fez a magia para agradecer por tudo estar dando certo. Agora, ele quer achar o ex-sócio. O homem, no entanto, lhe diz para não mexer naquilo, pois se trata de dívida do passado. Roberto não aceita e diz que pagará o que for preciso, mas o homem diz que ele não pode mudar certas coisas. Roberto não o escuta e exige que, custe o que custar, o senhor execute o serviço. Ele sai, e o homem diz: “O preço é alto”.

Roberto chega em casa, e Gabriela está com pneumonia. Ele, contudo, não quer que ela procure um médico, pois garante que pode resolver a situação. Completamente possessivo e obcecado em não deixar

Gabriela sair de casa, ele nem percebe que a mulher pode morrer.

Roberto recebe um telefonema do Peão. "O senhor não queria saber onde andava seu Neumes? Eu sei...", diz o rapaz. Roberto não pensa duas vezes, consegue uma arma e vai ao encontro do ex-sócio. Enquanto isso, Nicete tenta fazer Gabriela reagir e sair dali. Sabe que precisa ajudar a patroa, senão ela morrerá. Tomada, contudo, por forças malignas, Gabriela se revolta e quase agride a empregada.

Ao mesmo tempo, Roberto finalmente se encontra com Neumes, seu ex-sócio, e o acusa de ter destruído sua vida. Eles acabam brigando, e Roberto é morto com um tiro nas costas pela esposa do ex-sócio. Nesse momento, Gabriela também entra em septicemia.

Muito debilitada e ainda sofrendo a influência da magia negra que lhe foi imposta, Gabriela enterra o marido com a ajuda de Renato.

A advogada, então, olha-se no espelho e começa a tomar pé da situação, a "acordar do transe". Ela desabafa com Nicete sobre seus sentimentos por Renato.

De noite, Gabriela passa creme no corpo e sente-se bonita novamente. Ela coloca um penhoar para dormir e, quando se deita na cama, não nota que, em espírito e com desejo de vingança, Roberto está ao seu lado.

Ele tenta enforcá-la, e Gabriela passa mal com falta de ar. Nicete consegue salvá-la e lhe garante que conhece alguém que pode ajudá-la.

Roberto aparece na casa de Renato, onde Gioconda vive com os filhos. Ele a influencia a "dar cabo de tudo", e a mulher vê o espírito de Roberto antes de desmaiar e morrer afogada na piscina.

Roberto diverte-se ao ver Gioconda ser levada por seres muito trevosos, quase sem forma.

Com a orientação e o apoio de Nicete, Renato e Gabriela vão a um "centro de orações".

As coisas se precipitam para o *grand finale*.

Roberto se aproxima e vê seres iluminados na reunião. Ele foge e resolve esperar, agora sozinho, do lado de fora, mas recebe o amparo de um mentor espiritual, que o conduz novamente para a reunião.

Por meio de um médium, Roberto fala com Gabriela e despeja todo o seu ciúme possessivo. Naquele centro de luz, ele finalmente entende que aquilo não é correto, e a advogada fica livre para seguir sua vida.

Na saída do centro, Renato se declara para Gabriela, que corresponde ao sentimento. Os dois se beijam, e, em espírito, Roberto assiste a tudo.

O mentor espiritual explica para Roberto que tudo isso era reflexo do que ele fez em vidas passadas. No final do século XIX, Gabriela era uma jovem plebeia, e Roberto, um conde. A moça tinha seu coração prometido a Renato, que era apenas um mercador. O pai de Gabriela, sonhando com o título de nobreza, a obriga a casar-se com Roberto, mas o conde tinha uma amante extremamente possessiva, Gioconda. Inconformado em perder seu grande amor, Renato planeja roubar a mulher amada, mas Roberto descobre o plano e mata o mercador em um duelo. Agora, ele enfrenta as consequências desse crime.

No plano físico, Nicete dá a bênção ao casal Renato e Gabriela. No plano espiritual, Roberto e Gioconda encaram cada um o seu destino.

No parque, num belo domingo de sol, agora uma família de verdade está reunida, sob o manto do respeito e do amor. Renato e Gabriela se beijam, se amam, brincando com os filhos de seus relacionamentos anteriores.

Fade out final.

4 – RELEVÂNCIA

Adaptar um livro para o cinema é exercício específico de dramaturgia. Parte-se de uma história já concebida para a criação dessa mesma história em um outro formato. Assim, respeitar as condições desse novo formato é condição *sine qua non*. Ao mesmo tempo, não perder as principais características, ou mesmo a essência, da original é o pêndulo que resulta em boas — ou más — adaptações.

Há várias formas de se abordar um projeto que será transposto de um meio para outro. Elas variam de autores e propostas, e adoro pensar que não há regras. Há, sim, o que funciona (meu verbo predileto para essas horas) ou não.

No fim das contas, a parcialidade com que abordamos uma adaptação é sempre o diferencial. Você contará do seu jeito a história de um livro para um interlocutor. Em cinema, de certa forma, é assim também.

O que é inegável é que cinema e literatura andam de mãos dadas, se alimentam, mas caminham por estradas diferentes.

Alguns cineastas usam técnicas bem distintas. Alfred Hitchcock dizia que, quando pudesse contar verbalmente a história do livro para alguém dez vezes seguidas, sem mudar os principais detalhes, ele teria finalmente entendido o livro. E nunca mais o leria para poder se concentrar na adaptação e trabalhar aquela história que "nasceu" em sua mente.

Há contadores de histórias que buscam *ipsis litteris* os detalhes estruturais e tentam ajustá-los ao roteiro cinematográfico. Outros, porém, pensam que devem encontrar uma essência que não está nas palavras do livro em si — mas paira entre elas, encontrando leitores — e consequentemente espectadores —, sem regras específicas.

É claro que todas as escolhas são "apostas" que só serão respondidas quando o filme estiver na tela e o público gostar. A famosa "boa história bem contada" que perseguimos incansavelmente. Antes disso, não tem jeito: as decisões na hora de adaptarmos um filme passam por inúmeros critérios pessoais, profissionais, corporativos, de mercado e, claro, mágicos.

Adaptar uma obra como *Ninguém é de ninguém* tinha um porquê, que existia antes mesmo do próprio livro em si: sua autora. Trata-se de levar um livro escrito por Zibia, uma autora que, independentemente da forma como "escrevia", tem sua marca registrada para o público. Tudo bem que, de fato, significa algo mais complexo ainda: era um livro escrito por um espírito sob o mecanismo da psicografia.

Uma escritora com uma exuberante obra de dezenas de livros, como falamos nos capítulos anteriores. Histórias diversas, com temas reiterados e sempre presentes. Amores, traições, relacionamentos. Dentro deles, o ciúme, a vaidade, a arrogância, a ignorância sobre a vida eterna. Todos presentes e fortes no trabalho de Lucius e Zibia.

Então, por onde começar?

Nesse livro, expõe-se no próprio título o significado de sua existência. A posse, derivada do ciúme, é o tema que se apresenta. Obsessão, sem dúvida.

O que será que Lucius quis contar ao relatar as trajetórias de Roberto e Gabriela e Renato e Gioconda?

Quais as transformações essenciais que esses personagens passaram ao viverem seus dramas?

Durante o estudo do livro — dentro do contexto de ser uma obra de Zibia e Lucius —, entendemos também que o passado ajuda fundamentalmente a compreender as relações complexas atuais.

Essa é outra marca registrada da literatura da dupla. Os dramas de hoje são quase repetições de dramas de outros tempos. As resoluções é que estão abertas. Aí entram o arbítrio e o conhecimento dessas realidades para reescreverem determinadas situações que nascem e crescem como tragédias — mas podem ser evitadas.

O ciúme, o passado, um quarteto envolvido numa trama e uma sociedade estruturada no machismo são os primeiros pilares que encontramos nas páginas de *Ninguém é de ninguém* e que ajudariam a contar a história dramaturgicamente.

Nasce, então, um primeiro contexto no qual personagens vão transitar. Originalmente, a história do livro acontece no meio do século XX, por volta dos anos 1950 em diante. A decisão de trazer a trama para o tempo presente não foi muito complicada, afinal, esses elementos estão vivos e fortes ainda hoje em nossa sociedade. Não são "coisas do passado" nem muito menos "aprendizados distantes".

Outra decisão importante foi dar mais protagonismo à personagem feminina. Afinal, se estamos falando de machismo estrutural, contar a história do ponto de vista do homem, ou mesmo a partir de suas ações tão somente, poderia significar perder uma chance no cinema.

Gabriela ganhou um novo *status* e, empoderada, trouxe a relação com o marido para um nível que está além das questões financeiras. Advogada agora (outrora secretária no livro), suas questões estão plenamente sintonizadas com o público que leu o livro — e viu o filme.

A sociedade dos anos de 1950 ainda vivia sob a égide incontestável da família patriarcal. Qualquer mulher com um pouco mais de posição social era preconceituosamente taxada de libertária, além de seu tempo, até mesmo de corajosa, pioneira, *avant-garde*.

Incrível perceber que tais alcunhas ainda servem atualmente. São bases de um modelo de sociedade que, aos poucos, esperamos que se dissolva. Antes, porém, esse modelo deixa rastros de dor e sofrimento impensáveis pelo caminho.

Ao narrar a história de um relacionamento tóxico, Zibia e Lucius adentram as realidades de um casal sob o ponto de vista espiritual. Olhar um casamento como um reencontro de almas, que, muitas vezes, o fazem sob necessidade de reajustes, entendimentos, perdão, não é algo para o qual a sociedade ainda esteja pronta.

Nem os casais, a bem da verdade.

Sair do ideal romântico do casamento, com toda a significação que ele tem, e seguir para a ideia de relações construídas para o perdão, o entendimento, a aceitação, e não um mundo louco de amor e paixão, é uma mudança de paradigma que ainda não pertence aos nossos tempos. Mas, no fundo, em essência, é o que Zibia e Lucius colocaram no papel.

Conclusão primária: é o que deveríamos colocar nas telas.

É preciso também rever o conceito de resgate espiritual, que não significa aceitar passivamente maus-tratos, sofrimentos e dores. Essa ideia não está presente no livro nem deveria estar no filme, embora esteja presente nos códigos de muitas relações fracassadas, que têm em sua essência a necessidade de corrigenda de erros e omissões, para não dizer tragédias, vividas noutras vidas.

O filme busca ressignificar (palavra e significado modernos) Gabriela com o entendimento de uma relação que não precisa e não pode ser tóxica para ser bem-sucedida. Uma das cenas mais difíceis do filme, por exemplo, acontece quando ela aceita o marido de volta por um tempo, depois de uma agressão e de uma tentativa de assassinato por um conluio que ele participou com Gioconda.

Quantas mulheres fariam como ela? Quantas acham que ela deveria ter interrompido no primeiro grito, na primeira chantagem emocional ou no primeiro indício de que a relação não era saudável e que o casamento somente iria produzir dor e sofrimento? Quantas acham que dar mais uma chance, acreditando na virtude do sentimento que ainda nutria, seria "a coisa certa a fazer"?

A resposta vem logo em seguida. Sim, ela errou naquele caso. Decisão árdua para uma personagem na qual apostamos uma grande dose de virtude e alguns vícios de comportamento típicos das relações atuais. Humana, acima de tudo.

Essa condição humana que perseguimos incansavelmente em dramas como esses — dando a verossimilhança necessária para o espectador se envolver, se identificar e torcer, eventualmente — é também uma das marcas que consideramos de grande valor na obra de Zibia e Lucius.

Aqui, não falamos de uma pessoa que nasce, cresce, se desenvolve, morre e acaba. Aqui, falamos de alguém que tem um passado além da vida apresentada. Um passado que a torna imortal e que abre um leque de novos paradigmas. O primeiro deles, talvez, seja a responsabilidade "eterna" por todos os atos que pratica. Qualquer um.

Condicionar a existência atual às existências pretéritas é surpreendentemente dramático. Então, existe vida além da vida? E o que acontece com pessoas como Roberto, com todos os seus crimes no relacionamento?

Nasce aqui outro tipo de vilão no livro de Zibia: aquele que "não teve forças" para se corrigir e "não quis" tomar as atitudes mais humanas, como, por exemplo, entender sua vida à luz dessa condição espiritual.

Isso precisava estar no filme de alguma forma — mesmo que, no livro, a trajetória de Roberto no mundo espiritual tenha uma guinada que abra espaços para uma nova história e ela não estivesse ao nosso alcance para o filme.

Logo no início, já sabemos que Roberto é ciumento. Filho do egoísmo, o sentimento é o combustível que move o personagem. Não gostar que outros homens olhem para a esposa é só um movimento sutil, mas não querer que a mulher trabalhe para que fique em casa é um movimento escravista. Não levar a esposa ao médico, para que ela não precise "tirar a roupa" para um profissional de saúde, é insensibilidade total.

O ciúme doentio é o mecanismo que promove em Roberto toda a distorção de realidade. Quantas pessoas conhecemos assim? Que interpretam situações conforme suas próprias idealizações e confundem tudo? Uma promoção e um carinho do chefe podem significar um romance? Uma interpelação de uma esposa insegura e doentia também pode justificar uma certeza de que "eles são amantes"?

Roberto abre as portas para todos os outros males desse relacionamento com seu ciúme descontrolado. É por isso que ele não hesita em encontrar-se com a esposa de Renato, colocando sua vida e a de Gabriela em risco.

Estamos, então, numa casa de relacionamentos abusivos, para falarmos o que realmente acontece no filme. E isso se mostra muito poderoso para o público — primeiro a partir do livro, e esperamos que depois por meio do filme. *Ninguém é de ninguém* é *best-seller* por inúmeras razões. Uma delas, certamente, é pela identificação das pessoas com as realidades duras enfrentadas pela personagem Gabriela.

A violência verbal, o *bullying*, a alienação parental, tudo ronda a vida dessa mulher emancipada, mas sem forças para se libertar. Quantas pessoas conhecemos assim? Quantas famílias estão presas nos modelos machistas de séculos de patriarcado e não conseguem dissolver os nós que as prendem nesse ritual de dor e sofrimento?

Gabriela até pensa que deve agir, conversa com Nicete, uma funcionária espiritualizada, ou até mesmo com Laura, a assistente no escritório. Nada, no entanto, a faz tomar a decisão definitiva de parar de sofrer — até a agressão física.

A adaptação persegue a desconstrução dessa família da pior forma possível, deixando sempre uma pergunta no ar: como seria se ela tivesse parado tudo nos primeiros movimentos hostis do marido? Como seria se ela tivesse logo percebido que não era uma relação de amor, e o resgate espiritual não passaria pelo perdão, pela aceitação e pelos entendimentos mútuos?

A questão é que, quando se juntam dois seres que têm pendências no passado, também se oferecem mecanismos para que eles consigam resolver as pendengas acumuladas ao longo dos tempos. Não é "vá lá sofrer", pelo que o livro explica. É "você tem chances de conseguir conviver com ele e de essa convivência ser pacífica e gerar virtudes para ambos", por exemplo.

Porque, quando o passado entra em cena, ninguém é apenas vítima ou algoz. Explicar e entender esses processos também é uma das marcas das obras de Zibia e Lucius. O quanto nossos atos pretéritos estão conectados, indelevelmente, aos fatos que se desenrolam no presente.

Assim, o filme teria que ir ao passado em algum momento da narrativa. Fizemos escolhas mais didáticas em função da trama e esperamos que o público goste. Voltar ao passado não é tarefa simples.

Assim como não é simples se descobrir vivo depois de morrer. E isso, para nós, seria o grande *turning point* do filme. Como assim ele não morreu? Exatamente assim. Como ficam as relações depois que a morte se mostra como uma mudança biológica, com o fim do corpo físico, mas não da vida da pessoa? Deixando-a optar a conviver — mesmo que seja por certo tempo e com capacidades reduzidas — com os que ficaram no mundo da matéria.

Ninguém é de ninguém serve também para o mundo espiritual. Não há possessividades eternas nas dimensões paralelas. Depois de morrer, tudo muda de figura, mas tudo parece permanecer igual se não houver a tal "mudança interior".

Esta, então, é a chave do sucesso para Gabriela e Roberto e Gioconda e Renato, mesmo que alguns deles não consigam abrir a porta.

5 – *WORKSHOPS*

Filmes com muito conteúdo e subtexto precisam de preparação e estudo de toda a equipe. *Ninguém é de ninguém* não poderia passar despercebido com tanta possibilidade de entendimento. Para projetos assim, é importante que façamos encontros de aprendizado e reflexão sobre a história que contaremos nas telas.

Equipe e elenco juntaram-se para ouvir, pensar, perguntar e refletir sobre os temas inerentes ao nosso projeto em um dia de *workshop*. Foi uma espécie de pontapé inicial, em que alinhamos os temas depois do roteiro lido.

O primeiro estudo e encontro aconteceram com o médico Luiz Augusto de Queiroz, fundador da Casa de Padre Pio, uma organização que se intitula holística, uma "casa de viver Deus", localizada no bairro de Botafogo, Rio de Janeiro.

Luiz trouxe à tona um tema que antecede o próprio filme em questão, quando mencionou a epopeia que é fazer filmes, cujas temáticas sejam fora do lugar-comum dos temas abordados comumente no cinema. Falar de espiritualidade em cinema, tal qual ela se desdobra no Brasil e reverbera no mundo mais e mais, é transgredir uma barreira desconhecida.

Ele disse:

> Uma busca por um cinema que possa contribuir para que possamos nos conhecer mais, conhecer mais sobre a vida em todas as suas infinitudes, sem que isso esteja necessariamente preso a nenhuma visão restritiva de qualquer visão religiosa é um desafio e tanto. Ainda mais em tempos de transições tão intensas como estes em que vivemos. Um desafio dentro de outros desafios.

Para ele, que tem em sua busca pessoal um interesse por entender todos os códigos e símbolos espirituais — suas correlações e significados mais profundos —, a transgressão da religião é a supressão dos dogmas em benefício da razão, mas, acima de tudo, um novo mergulho em novas realidades.

Luiz Augusto participou como produtor executivo do filme *Nosso Lar*, um pioneiro neste tipo de cinema com temática espiritual e lembrou-se da jornada árdua de convencimento de parceiros da indústria a apoiarem uma produção como aquela. “A nossa tendência, quando começamos a refletir sobre espiritualidade, é pensarmos o assunto vinculado a uma religião específica, a estruturas mentais que existem há séculos e séculos e estão consolidadas e arraigadas dentro de nós", salientou.

E acrescentou: "O que a gente procura, de fato, entendendo que este também é mais um desafio de um tempo desafiador em todos os lados, é entender espiritualidade como algo que transcende quaisquer visões ou postulados restritivos".

Para exemplificar as possibilidades que tempos como os nossos propiciam, o médico trouxe à tona a lembrança da jornada do professor francês Hippolyte Léon Denizard Rivail, mais conhecido como Allan Kardec, em pleno século XIX, auge da revolução industrial, do materialismo científico, do positivismo, entre outros movimentos transformadores da sociedade naquele tempo.

Luiz Augusto lembra que:

> Kardec era herdeiro do positivismo, tinha relações com a maçonaria — não oficiais, pelo que sabemos —, mas também era respeitado por todos os seus pares intelectuais na França em função de seu trabalho como educador e pedagogo. Ele foi inundado com uma chuva de fenômenos que acontecia em todo o mundo, desde a América do Norte com as mesas girantes, até os principais salões europeus. Não se furtou e se permitiu uma pergunta honesta cientificamente falando: o que move as mesas? Qual a força

> que faz com que um objeto fique "inteligente" a ponto de responder sim e não? O que Kardec fez foi dar uma chance ao novo.

Não é muito difícil, então, classificar o século XIX como um divisor de águas na história ocidental. Havia eugenismo, ceticismo, marxismo e o poder eclesiástico ainda ligado à nobreza. Havia máquinas a vapor e trabalhos braçais. As relações de classe passavam por reformas para estabelecer acordos que duram até hoje, e a pobreza campeava em todos os cantos, exceto nas elites.

Quando Kardec começou seu processo de pesquisa sobre os fenômenos das mesas girantes, ele também exerceu a dúvida científica sobre o que se apresentava. Onde estariam as fraudes? Onde estaria o truque ilusionista? Sua vida e obra, também contadas em livros e filme, mostram que as surpreendentes respostas permitiram que aquele professor francês criasse um códex sobre tudo o que apurou "entrevistando as mesas" e, posteriormente, descobrindo que muitas pessoas sentadas ao redor delas também poderiam servir de meios de comunicação para que outras inteligências, já sem o corpo físico, pudessem falar.

Os mortos falaram com Kardec naquela que pode ser considerada a "entrevista mais importante da história" e que gerou uma obra literária: *O Livro dos Espíritos*. "Isso muda tudo", lembrou ele de uma frase da cinebiografia *Kardec*, quando o personagem principal explica para seus companheiros a existência de uma dimensão paralela, em que nós, em espírito, vivemos depois que morremos.

Não mudou tudo ainda. “Mas já deveria”, brincou o médico. E acrescentou:

> Mesmo com todo o atraso que, a nossos olhos é atraso, mas não sabemos oficialmente o que está por trás dos grandes fatos do século XX, por exemplo, temos hoje novamente chances maravilhosas de começar a mudar tudo, principalmente nossa forma de ver o mundo, com essas realidades que existem e são factíveis e compreensíveis para todos.

Ninguém é de ninguém é um filme que está numa esteira de projetos culturais nos quais trafegam biografias como a do próprio Kardec, de Chico Xavier, Divaldo Pereira Franco e Bezerra de Menezes, a série *Nosso Lar* e filmes como *A Menina Índigo* e *Amor Assombrado*. Todos falam de pessoas que confrontaram as realidades “novas” que foram surgindo ao seu redor. Mediunidade e a força de espíritos evoluídos nas novas gerações, por exemplo, são algumas delas.

Em *Ninguém é de ninguém*, falamos de ciúmes explicados por atos de vidas passadas; de um marido que continua perseguindo doentiamente sua esposa mesmo depois de morrer; e da existência de seres que nos protegem neste mundo espiritual e de seres que "não protegem".

É uma teia invisível de trabalhos que existe por baixo de uma superfície muito agressiva ainda. Uma superfície em guerra, partida, desgastada por valores e realidades que também se mostraram destrutivas e impróprias para o mundo de virtudes que todos desejam. Esse filme e todos os projetos artísticos — e todas as pessoas que estão inseridas nesses projetos — são pequenos e importantíssimos pontos de conexão de algo que vai emergir aos poucos, para produzir mais e mais, para pensar outras reformas de um mundo e um ser humano velhos em benefício de um ser humano novo, um mundo novo com novas gerações.

Para Luiz, a ideia de espiritualidade também estará presente nessas ressignificações, assim como foi para Kardec diante de um tempo oprimido por uma religião apenas na Europa. "Assim como é para toda a vida e obra de Zibia Gasparetto", ele acrescenta e continua:

> Espiritualidade é algo que integra, é algo que conecta. Não se origina de uma religião. Ela é a antítese do materialismo, sim, mas ela é tão transcendente como conceito que podemos afirmar que a espiritualidade que vamos viver não vai mais combater o materialismo, porque vai entender a própria matéria como algo diferente do que entendemos hoje. Espiritualidade profunda integra a matéria inanimada, dando a ela seu

> espaço num mundo visto, entendido e vivido pelos conceitos espirituais.

Para o médico, o sentimento de espiritualidade pode nascer nas pessoas, sem que seja despertado por um movimento religioso em si, mas de um processo de querer entender o mundo da forma como ele realmente é. Algo que permeia a história dos personagens do filme, principalmente de Gabriela, quando ela começa a ser perseguida pelo espírito do marido. Ele avalia:

> Quem procura uma espiritualidade livre de processos religiosos, que são todos vinculados ao ego, à natureza humana competitiva, ao exercício de poder entre os seres, o entendimento do mundo transcendente pelas vias da espiritualidade também é uma forma de ir contra uma sociedade egoísta.

Imagine se Kardec tivesse em mãos tudo o que a ciência trouxe nos últimos anos? Todas as contribuições de Einstein, da física quântica, por exemplo. Como ele poderia ter questionado ainda mais o conceito materialista da existência!

Ninguém é de ninguém também é um filme sobre como o egoísmo apresenta-se, talvez, como a forma mais potente de deteriorar relações. Talvez seja por isso, relembra o médico, que esse novo conceito de espiritualidade tão presente nos livros da Zibia precise, emergencialmente, ser espalhado e oferecido como alternativa de vida às pessoas.

Se o ego desfaz e gera destruição, pessoas tóxicas e relacionamentos doentios, a espiritualidade, por sua vez, integra e reconstrói pessoas e famílias.

Mas como, então, atrelar ciência à espiritualidade? A questão não parece ser "muito complicada" de entender. Segundo o médico, enquanto pensarmos a ciência da forma atual, materialista e mecanicista em sua maior parte, não haverá como unir os dois conceitos.

Relembrando Kardec, que comprovou, por meio de experimentos, pesquisas e hipóteses, a ideia da vida espiritual, dando origem à conhecida doutrina espírita, o médico também ressalta que muitas vezes o aspecto religioso do conhecimento espiritual contido na obra de Kardec tende a minimizar a proposta espiritual presente ali "de forma libertadora", ele enfatiza.

É comum na história humana que as ideias libertárias do ser, as ideias transcendentes às estruturas egoicas da sociedade, sejam, por conta da natureza espiritual das pessoas que ainda vivem aqui, cerceadas por estruturas de dominação. Muitas delas dão origem a religiões, por exemplo.

Luiz considera-se um espírita de formação, mas, para talvez exemplificar em fatos suas ideias, ele fundou uma casa com o nome de um padre católico, onde são realizados estudos de diversas correntes e tradições espirituais. Padre Pio, frade que viveu ainda no século

XX, cuja história está recheada de fenômenos espirituais (todos explicados à luz da "ciência espírita"), sofreu perseguições e até inquéritos da Santa Sé em função de sua mediunidade tão ostensiva.

Ao gerir um ambiente espiritual assim, que também não perde ligações com movimentos como umbanda, hinduísmo, taoísmo, cabala e demais correntes espirituais-filosóficas, Luiz busca exercer uma "espiritualidade baseada na força da realidade, sem amarras religiosas".

Quando as pessoas começam a dizer que a verdade do mundo e da vida são só delas e de mais ninguém, elas estão assumindo uma postura que só destruiu a humanidade. Quando, por exemplo, comparamos os cinco livros de Kardec aos cinco livros de Moisés, podemos encontrar correlações impressionantes. Quando lemos os evangelhos ou estudamos a cabala e vemos as explicações dadas em *O Livro dos Médiuns*, mais uma série de percepções se abrem para a consciência de que vivemos em uma só realidade, infelizmente interpretada pelo ego doente e, assim, compartilhada e oferecida ao mundo de forma infeliz.

O que buscamos, então, é uma unidade além dos rótulos? Talvez sim. No século XIX, ainda de acordo com as explanações do médico em nosso *workshop*, foram oferecidas as primeiras bases de material bruto sobre o assunto. O século XX desconstruiu a matéria e nos ensinou que há diversos estados com os quais nem sequer sonhávamos. Os estudos, então, demonstraram uma realidade "transmaterial", termo usado por Luiz para "abordar uma ideia de matéria--espiritual ainda".

De fato, quando cientistas como William Crookes, Prêmio Nobel de Física, descobre os raios catódicos, por exemplo, que são quase como um fenômeno quântico, ele está falando de eventos descritos nas realidades espirituais, lembra Luiz. E há outros: Crookes estudava eventos de materialização de uma jovem, Katie King, de 15 anos de idade. A hipótese era de que espíritos usassem fluidos exalados por ela para se tornarem visíveis e audíveis aos olhos humanos. Ele descobriu esses fenômenos que, inicialmente, estavam longe de seu campo de pesquisa, mas, ao se deparar com forças magnéticas (Crookes foi inventor da pilha, por exemplo), estava diante de forças que não via, mas eram fenomenais.

O que aconteceu quando, a exemplo de Kardec, Crookes apresentou para a Academia de Ciências o resultado de suas pesquisas com materializações de espíritos? Ele foi expulso, ignorado e o valor de seu trabalho foi colocado de lado. O ego doente no meio científico existe, certo? O que impediu que seus pares dessem voz ao seu trabalho? Fama e poder? Status dentro da própria Academia? Vá saber. O fato é que existe um mundo de informações maravilhosas no trabalho de um cientista, que se ofereceu para estudar novas realidades fora do laboratório clássico e não foi ouvido como deveria.

Aqui reside a maior parte da crítica feita na exposição: o cientificismo torna-se extremamente voltado para a matéria, que não existe mais como foi entendida por séculos desde que Einstein descobriu e revelou para o mundo a realidade: matéria e energia são aspectos complementares, interseccionais, fundidos do mesmo mundo. E mais: o materialismo deveria ser enterrado com o advento e a força da mecânica quântica, que vêm sacudir ainda mais as ideias de novas realidades. Luiz diz que:

> A teoria das supercordas, que seria a última visão para entender como é que o mundo surge, já não é mais tão vigente porque outras teorias questionaram o conceito de tempo e espaço. O tempo só existe em função relativa ao que nós fazemos. A relatividade dos movimentos gerais, como do planeta girando, por exemplo, e a realidade dos nossos movimentos pessoais, como estudar e movimentar-se para conhecer mais e mais, é que geram, em conjunto, o conceito de tempo.

Ele acrescentou ainda citações das teorias atuais que já não mais entendem o tempo como algo preponderante sobre as pessoas, mas como algo relacionado às pessoas. Qual é o tempo de cada um diante das realidades espirituais? A ciência ajuda a responder, por exemplo. Vencendo as estruturas egoicas, expande-se a consciência.

Outro local que o estudo abordou foi dentro das próprias religiões — como um novo olhar para a espiritualidade. O médico lembra-se dos primeiros encontros entre visões de religiões orientais e ocidentais acerca do mundo no século XIX. Ele diz:

> Quando Kardec aceitou, depois de recusar muito, a ideia de que a mesa que se movia sozinha não era inteligente, mas sim influenciada por uma entidade espiritual que tinha influência sobre ela — e isso mudou tudo sobre a vida depois da vida, logo em seguida ele pesquisa e percebe que as visões cabalistas, o Vedanta, as tradições do próprio Egito antigo e mesmo no cristianismo primitivo já exerciam livremente a ideia da vida espiritual.

A bem da verdade, a ideia da reencarnação foi retirada dos escritos e cânones cristãos no século IV, durante o Concílio de Niceia, por uma questão pessoal do próprio imperador — que decidiu que não haveria mais "reencarnação" para proteger sua esposa, a rainha Teodora, dos erros cometidos ainda em vida. Instituiu-se, então, a figura potente do sacerdote como intermediário entre o ser humano e Deus.

Quando Kardec retomou esse conceito em um momento muito singular de nossa história ocidental, vemos que, no Oriente, figuras como Paramahansa Yogananda e Swami Vivekananda já exerciam essa expansão de consciência por meio de seus movimentos e estudos da ciência da ioga.

Portanto, uma das bases do filme *Ninguém é de ninguém* é a existência do mundo espiritual e sua relação com o mundo material. Nada mais contemporâneo para se pensar quando esse assunto está em plena transformação há pouco mais de um século. A renovação da visão espiritual do mundo passa por contar histórias como essa e imaginar como seriam as relações familiares, por exemplo, diante de uma nova forma de encarar a realidade: eterna, além de ser resultado de nossos atos passados e receber as consequências diante do nosso arbítrio no presente.

Não tenho mais dúvidas de que temos que buscar uma forma de entender e colocar em prática a ideia de que matéria e espírito são manifestações da mesma realidade e não devem se antepor. Na espiritualidade verdadeira, não há algo que delimite que isso é material e aquilo é espiritual. Quando a consciência entende essa integração, repetindo o Kardec do filme, tudo muda. Até mesmo o entendimento de Deus.

Por isso, para o médico, a física quântica é um auxiliador da construção de uma nova visão espiritual. "Um Deus que domina o mundo e age conforme seu bel-prazer, punindo, escolhendo eleitos, não existe e nunca deveria ter existido", enfatiza. Ainda segundo ele, os diferentes nomes de Deus na cabala, por exemplo, ajudam a entender o conceito de algo que não é corporificado para explicar como o universo é regido e criado. Para os espíritos que responderam a Kardec, Deus é a inteligência suprema, causa primária de todas as coisas.

A matéria não é mais nem menos do que um aspecto de uma realidade muito mais ampla, que transcende os limites físicos, que lida com energias, eletromagnetismo, eletricidade e tudo o que a ciência já pode listar como parte de um mundo conhecido. Isso tudo também é manifestação divina e faz parte da realidade que nos conecta, que informa que não morremos, mas apenas deixamos o corpo físico, e que, mesmo estando em diferentes dimensões, podemos nos comunicar entre nós.

Ciência e religião, como bem lembrou Einstein, precisam se completar de alguma forma. "É preciso, então, ressignificar os dois para que voem juntos", diz o médico. Tudo é movimento, nada está parado no universo, acrescenta ele. E deixa perguntas no ar para que todos os participantes pudessem levar consigo reflexões a serviço da arte. "O que é uma vida? Quando é o momento presente? O que é ser imortal?", questiona. Fato é que estamos mergulhados numa sopa quântica, cheia de racionalidade e espiritualidade, e que, dia a dia, podemos produzir mudanças, seja por meio de filmes, seja por meio de livros ou de simples perguntas respondidas com verdades. E acrescenta:

A vida continua.

6 – PSICOPATIAS

Ninguém é de ninguém é, antes de qualquer coisa, um filme sobre um relacionamento tóxico, e isso apresenta uma figura muito importante a ser debatida nos círculos de arte, médicos e sociais: o psicopata.

O assunto está cada vez mais espalhado na sociedade. Livros e séries de realidade preenchem o interesse e sanam dúvidas, porém, há sempre a questão sobre como identificar, lidar e se proteger de um psicopata.

Nosso filme tem um: Roberto, um empreiteiro, que é casado com Gabriela. Desde os primeiros momentos, entendemos que ele não vive um sentimento saudável com ela. O mergulho que vem ao longo dos próximos noventa minutos impactou os leitores do livro, e esperamos que surta efeito nos espectadores do filme.

Porque também afetou — e muito — os profissionais que trabalharam nele. Principalmente as mulheres, que, em uníssono, repetiam que a personalidade do personagem e a forma como as coisas acontecem eram muito reconhecidas por todas.

Para a figurinista Pilar Salgado, "aí está a relevância do filme, algo que claramente transcende a proposta inicial de ser uma história que fale do mundo espiritual, porque precisamos muito consertar este mundo aqui que está muito doente".

Para Kika Cunha, diretora de fotografia, "o assunto precisa ser abordado com urgência". Ela complementa:

> Não podemos mais fechar os olhos ao que está escancarado na nossa frente: uma sociedade que precisa urgentemente de um rumo espiritualizado, porque senão o futuro será sombrio. O que nos move é saber que pequenos gestos podem contribuir para toda uma mudança de mentalidade, e um filme está presente nesse contexto.

Ula Schliemann, diretora de arte do filme, diz:

> O desafio é a gente tentar chegar no maior percentual de gente possível para poder contar essa história que é tão importante, tão pertinente. Reforçar que isso não tem a ver com classe, que em qualquer classe social a gente consegue ver esse tipo de situação que está sendo retratada no filme. E retratar da melhor maneira e passar a mensagem. Essa é a ideia.

Para nosso estudo sobre o tema, a médica psiquiatra Katia Mecler escreveu um livro fundamental: *Psicopatas do cotidiano: como reconhecer, como conviver, como se proteger*. Convidada a conversar com a equipe e o elenco do filme, ela, inicialmente, destacou a melhoria do entendimento da psicopatia e como ela nos afeta muito mais do que imaginamos.

"A gente tem uma evolução danada, bem científica em relação às classificações de temperamento, mas ainda é em Hipócrates que temos as melhores nomenclaturas", adiantou ela. Para o grego, que é considerado o pai da medicina e viveu no século IV a.C., há quatro temperamentos básicos para o entendimento das pessoas.

Antes, porém, é legal enfatizar que temperamento tem a ver com fluido corporal. Qualquer persona mistura temperamento com caráter. O primeiro a gente "traz de fábrica", o segundo se desenvolve.

A médica, então, abordou os quatro tipos de temperamentos: o tipo sanguíneo, que tem a ver com pessoas que são mais extrovertidas, otimistas, mais falantes, sociáveis no que consideramos polo positivo. Já em seu polo negativo, são pessoas que ficam muito "pilhadas" e, consequentemente, mais ansiosas e suscetíveis a panes temporárias. A médica lembra que essas classificações são uma tendência e podem se combinar de formas específicas dependendo dos indivíduos. "É possível ter um pouco de um polo e de outro, sim", afirma.

Outro temperamento mencionado é o colérico. A pessoa que explode, que tem raiva. Esse é o polo negativo desse temperamento. Mas, do lado positivo, essa característica dá justamente perseverança, capacidade de superar obstáculos e de não se abater facilmente. Em seguida, a psiquiatra abordou o tipo **melancólico**, que engloba pessoas introspectivas, reflexivas, artísticas, dedicadas às ciências, filosofias, que pensam sobre a vida — tudo isso no polo positivo desse temperamento. No oposto, são pessoas que tendem a ficar mais isoladas, "na caverna", e sofrer com ressentimentos, amarguras, sem poder expressá-los.

O último temperamento, descrito por Hipócrates há 2,4 mil anos a partir da observação do ser humano, tem a ver com a bile — é o tipo fleumático. Pessoas que, no polo positivo, tendem a ser mais maleáveis, tranquilas mesmo diante de situações tensas, com tendências à calma e ao equilíbrio. Mas, quando olhamos o polo negativo dessas pessoas, há tendências aos vícios, à incapacidade de realização e a ficar presas em situações.

Todo mundo pode ter polos negativos ou positivos em maior ou menor grau, e isso é didático para começar, porque a vida humana é muito mais complexa do que isso, salienta Katia.

Ela ressalta que a interação com o meio já produz as primeiras interrogações dentro do ambiente de raciocínio científico. "Como são as primeiras experiências desde a concepção, do nascimento, interação com pais e família, com a sociedade, na escola, as intempéries das condições em que a pessoa vive, mais ou menos favorecidas socioeconomicamente".

Está aí a mistura que forja o caráter e em que os modelos doentios e tóxicos também aparecem, segundo Katia. O caráter é a relação adquirida diante do ambiente. "A primeira dimensão do caráter seriam pessoas que chamamos de autodiretivas, com capacidade de estabelecer metas e assumir compromissos. Têm desejos, foco, vão atrás do que querem e, se caem, levantam-se e recomeçam", ela diz. E acrescenta que, em sua opinião, são pessoas, em geral, mais responsáveis, porque essa é uma dimensão mais cultivada em termos de valor para a sociedade, como a capacidade de liderança e demais correlatos.

Mas o contrário disso é o ser absolutamente focado em si — a "egotrip", o egocentrismo. "O mundo é a pessoa e o outro não existe, ou, se existe, é um prolongamento dela, tá servindo para ela", complementa. Nessa dimensão de existência, a médica acredita que haja muitos aspectos positivos ao pensar em pessoas que sejam superfuncionais, bem-sucedidas, incríveis. "O personagem do filme é machista, falocêntrico, materialista. Tem a visão do predador", avalia.

Mas o entendimento de personagens — e de pessoas — abre mais janelas em nosso estudo. Uma segunda dimensão de caráter, que a médica ressalta ainda ser muito desprezada socialmente, é a da cooperatividade.

A capacidade de a pessoa aceitar, enxergar e ouvir o outro, ter empatia e se colocar no lugar do semelhante, viver em grupo e participar de comunidades. "Não sei se é preconceito meu, mas, quanto mais se fala sobre esse caráter, mais vamos pensando no feminino, né?", reflete ela.

Ainda fazendo conexões com o filme, a médica ressalta que Gabriela é uma advogada bem-sucedida e que recebe uma promoção na empresa: "Isso, infelizmente, ainda não é valorizado como modelo de caráter a ser seguido. Tem sensibilidade, quer ajudar, mas acaba sendo malvista, pode ser sua fraqueza, pode parecer frágil", diz.

Em seguida, Katia ressalta a dimensão de caráter chamada autotranscendência, que é sair da onipotência, do egocentrismo, do "eu, eu, eu" e pensar globalmente: "A pessoa não precisa necessariamente ter uma religião ou conexão específica espiritual. Ela pode ter uma ligação muito forte com a natureza, se sentir integrada ao planeta, por exemplo".

Para Katia, essa potência de caráter também tende a ser direcionada para o princípio feminino, assim como a dimensão anterior. "A capacidade de transcender é uma superpotência, mas ainda não é valorizada nas relações sociais", afirma. Segundo a psiquiatra, o máximo que se consegue, atualmente, é inserir meditação ou o *mindfulness*, atenção plena, dentro das relações sociais.

O fato é que estamos falando sempre em torno da cultura do "ter" para aparentar "ser". Sociedade de consumo, relações de poder baseadas em estruturas machistas, tudo isso influencia a formação do caráter das pessoas, mesmo que seus temperamentos estejam razoavelmente formados pela genética.

De acordo com a psiquiatra, a interação do temperamento com o caráter será igual ao jeito de ser, com a nossa personalidade. E é justamente a partir desse entendimento que começamos a ter traços específicos de personalidade. "Um exemplo é desconfiança. Todos temos, em maior ou menor grau, traços de desconfiança, porque precisamos ter o nosso sistema de defesa acionado", explica.

Aqui, nosso *workshop* encontrou o personagem Roberto. Determinadas pessoas terão traços de personalidade patológica. Doença mesmo. Pode ser herdado no temperamento — mas não precisa ser genético, pode ser herança de ambiente, de formas de viver no passado. E, dentro desse universo, algumas pessoas vão apresentar ainda padrões comportamentais considerados muito nocivos, tóxicos e abusivos.

Mas o que é ser abusivo? É um padrão de constranger, de desqualificar. Quando você sabe que está numa relação abusiva? Quando tem, permanentemente, uma sensação de insuficiência, de inadequação, de culpa. Não é normal nos sentirmos horríveis em relacionamentos. E estamos falando de intimidade, mas que pode existir no trabalho, nas amizades, na família ampla e não somente no casamento.

Bingo! Roberto é um marido com esse traço de caráter doentio. Sua postura com Gabriela é tóxica, e ela descobre — ou se permite aceitar — que vive em um relacionamento abusivo. "E isso nem é regra, porque é preciso muito esforço para a pessoa aceitar que está sendo abusada, porque se acostuma, naturaliza, perde o termômetro do respeito", alerta a psiquiatra.

Temos a missão e a tarefa de ajudar pessoas a identificarem quando estão sendo efetivamente abusadas.

Katia ressalta um tipo de personalidade que "está muito em moda" atualmente: o tipo narcisista. Classificadas como egocêntricas, são pessoas que precisam muito de admiração o tempo todo, de elogios incansáveis, e que têm a necessidade de estar sempre em evidência. A psiquiatra lembra que são esses tipos de personalidade que também precisam — e o fazem deliberadamente — desqualificar pessoas ao seu redor. "Ninguém precisa que suas fraquezas e imperfeições sejam apontadas o tempo todo por outra pessoa. Ninguém quer viver sob críticas destrutivas de forma permanente. E isso se transforma numa tortura", enfatiza.

Aparecem aí os "relacionamentos coisificados", na palavra adaptada que indica padrões de comportamento, conforme ela ressaltou para o elenco e a equipe presentes no *workshop*. Katia ressalta que a pessoa que existe para servir, atender e se preocupar e que, à medida que não serve mais para fazer isso, se torna descartável, lixo, está claramente em um relacionamento abusivo.

Encontramos aí muitas camadas dos relacionamentos que o filme apresenta. Plateia fazendo conexões, autoanálises, projeções para o trabalho. A psiquiatra dá mais material: a personalidade com traços doentios de perfeccionismo, fruto de padrões mais obsessivos, meticulosos ao extremo, jamais satisfeitas com os resultados ao seu redor, pessoas para quem "nada é suficiente". Como conviver com alguém assim?

"A perturbação que uma personalidade como essa causa deixa todos ao redor doentes. Priva a si mesma e aos seus semelhantes de liberdade básica, inclusive com direito ao erro", ela comenta. E tem mais? Tem. Além dessas personalidades abusadoras, que estão no limiar da psicopatia, há os tipos que são chamados de paranoides — extremamente desconfiados, que vivem num mundo onde se colocam como centro de todas as atenções. Tudo ao redor está contra eles; é sempre o bem contra o mal (sendo ele o bem). Pessoas assim provocam distensões ao dividirem os outros em "quem está do seu lado é do bem; quem está do outro lado é do mal", ela lembra.

Esses tipos provocam guerras, conflitos, brigas contínuas das quais se alimentam. São ciumentos ao extremo (Roberto e Gioconda!) e criam teorias conspiratórias a partir de qualquer situação que lhe pareçam fora do controle (Roberto e Gioconda!). "Lidar com pessoas assim também gera sensações desagradáveis, pois transformam relacionamentos em sessões de tortura. Porque, do outro lado, tem a vítima que não consegue se libertar (Gabriela e Renato!)".

A pessoa se anula completamente, porque não consegue viver sem estar hospedada no outro. É capaz de sofrer todo tipo de humilhação para poder ficar perto do outro, pois não tem forças para se sentir viva de forma autônoma. Isso transforma esses indivíduos em seres inseguros para tudo, fóbicos em geral, com sentimento de rejeição e, claro, absolutamente passíveis de serem abusados com muita facilidade.

Um livro, um filme e uma gama de personalidades e padrões que podemos expor é o que se apresentava para o grupo. Conforme a psiquiatra explanava, olhos arregalavam-se ou mesmo se enchiam de lágrimas, não contendo a emoção. Gatilhos? Lembranças?

Os dias atuais oferecem chances de reflexão e aprendizado, como lembrou um membro da plateia. E reforçou: há uma epidemia de depressão e ansiedade lá fora — ou aqui dentro, em que as pessoas estão trituradas por dentro e nem sabem. Katia foi assertiva com o tema psicopatia.

O mais importante disso tudo é que precisamos aprender a identificar essas pessoas em nosso cotidiano, e é necessário que esse entendimento, essa identificação, seja feito o mais rápido possível para conter os danos.

Ainda sobre esse aspecto, ela lembra que "as pessoas não acham que têm problemas. Elas vão sempre transferir o problema delas para os outros. São incapazes de um autodiagnóstico nesses tipos de padrões abusivos". Vale lembrar que, em geral, uma pessoa que está na posição de ser abusada tem chances de procurar ajuda, tratamento, mas que um psicopata não pede ajuda.

Um filme pode ajudar? Sim. E é sobre isso que estamos falando. Sobre os pequenos gestos que escondem grandes problemas. Sobre uma palavra que traz em si um vocabulário, uma cultura, um mundo a ser transformado. As redes sociais abriram espaços para que personalidades doentias se multiplicassem, e a sociedade segue seu caminho entre destruição e reconstrução.

Um dia, sairemos do machismo estrutural e conduziremos as pessoas que herdam temperamentos doentios e forjam o caráter abusador, desenvolvendo personalidades que serão identificadas antes de produzirem danos aos semelhantes, a serem tratadas, contidas e colocadas em seus devidos lugares.

Esses ecos, que ressoaram das conversas que tivemos acerca dos temas, são os mais importantes em nosso filme.

7 – VIDAS PASSADAS

Há um padrão literário na obra de Zibia e Lucius que faz parte de uma das premissas espirituais presentes em tantas tradições religiosas, mas não podemos afirmar que pertence a uma delas. Em sua defesa da doutrina espírita, Allan Kardec estipulou cinco pilares nos quais aquele conhecimento apresentado ao mundo a partir de suas pesquisas se apoiaria. Um deles é sobre a imortalidade da alma e o outro é sobre a pluralidade das existências. Para fim de registro, a existência de Deus, a pluralidade dos mundos habitados e a comunicabilidade dos espíritos completam a lista.

Em *Ninguém é de ninguém*, assim como em praticamente todos os livros sobre dramas e romances da dupla Zibia-Lucius, o passado vivenciado pelos personagens é a chave para o entendimento dos conflitos presentes. Todos os nós (para usarmos uma linguagem Aristotélica) que são apresentados têm uma forma *sui generis* de serem desfeitos — não só pelos acontecimentos que sucedem a trama, mas também por premissas nas histórias de cada personagem.

Assim, tudo o que vemos na narrativa, todas as relações e todos os sentimentos, inclusive os que surgem de reversões de expectativas ou de surpresas dramáticas, têm uma explicação no passado dos personagens. Há vezes em que há mais de um passado envolvido, como fatos e acontecimentos ocorridos em diferentes eras.

Essa ideia não deixa de merecer o adjetivo fascinante e é a base do entendimento das reencarnações. Vidas após vidas, renascemos para experimentar relações que podem ser construtivas ou se deteriorarem. Isso é reconfortante ou assustador? Depende de que lado da história a pessoa esteja. Se foi um assassino ou a vítima. Se precisa perdoar ou ser perdoado.

O livre-arbítrio entra em cena para justamente oferecer chances reparatórias. Reviver sim, mas de uma forma menos dolorosa. Para isso, seria necessária alguma mudança no conhecimento da pessoa, senão o erro se perpetuaria eternamente e o ciclo de tristeza jamais teria fim. Entram aí os encaminhamentos pessoais, os agrupamentos familiares, os projetos de renovação intelectual, moral e emocional para cada vida.

Achar que somos apenas jogados no corpo para viver experiências com as quais não sabemos lidar é um erro, conforme aprendemos nos livros da autora. No decorrer da vida, haverá sempre momentos de socorro, de luz e de auxílio, até porque uma das premissas da lei de reencarnação é justamente esquecer temporariamente o passado.

Inimigos reencarnam — como no caso de *Ninguém é de ninguém* — em família, em grupos sociais, em ambientes profissionais e têm a chance de recobrar os erros, as dores e o sofrimento. Fácil? Não. Mas é assim que a vida é — e assim que as histórias dessa autora se desenvolvem e encontram milhões e milhões de leitores e leitoras ávidos por respostas.

É possível ter respostas? Os próprios espíritos dizem que sim. Kardec, em *O Livro dos Espíritos*, reservou um capítulo inteiro para conversar com eles sobre essa "preponderância do passado", sem que haja recordação efetiva. Da pergunta 392 à 399, o professor francês inquire diversos amigos espirituais sobre o tema.

Permito-me reproduzi-las integralmente aqui, porque o assunto é muito pertinente:

> **392. Por que o Espírito encarnado perde a lembrança do passado?**
>
> — O homem nem pode nem deve saber tudo; Deus assim o quer, na sua sabedoria. Sem o véu que lhe encobre certas coisas, o homem ficaria ofuscado, como aquele que passa sem transição da obscuridade para a luz. Pelo esquecimento do passado ele é mais ele mesmo*.

393. Como pode o homem ser responsável por atos e resgatar faltas dos quais não se recorda? Como pode aproveitar-se da experiência adquirida em existências que caíram no esquecimento? Seria concebível que as tribulações da vida fossem para ele uma lição, se pudesse lembrar-se daquilo que as atraiu, mas desde que não se recorda, cada existência é para ele como se fosse a primeira, e é assim que ele está sempre a recomeçar. Como conciliar isto com a justiça de Deus?

— A cada nova existência o homem tem mais inteligência e pode melhor distinguir o bem e o mal. Onde estaria o seu mérito, se ele se recordasse de todo o passado? Quando o Espírito entra na sua vida de origem (a vida espírita), toda a sua vida passada se desenrola diante dele; vê as faltas cometidas e que são causa do seu sofrimento, bem como aquilo que poderia tê-lo impedido de cometê-las; compreende a justiça da posição que lhe é dada e procura então a existência necessária a reparar a que acaba de escoar-se. Procura provas semelhantes àquelas por que passou, ou as lutas que acredita apropriadas ao seu adiantamento, e pede a Espíritos que lhe são superiores para o ajudarem na nova tarefa a empreender porque sabe que o Espírito que lhe será dado por guia nessa nova existência procurará fazê-lo reparar suas faltas, dando-lhe uma espécie de intuição das que ele cometeu. Essa mesma intuição é o pensamento, o desejo criminoso que frequentemente vos assalta e ao qual resistis instintivamente, atribuindo a vossa resistência, na maioria das vezes, aos princípios que recebestes de vossos pais, enquanto é a voz da consciência que vos fala, e essa voz é a recordação do passado, voz que vos adverte para não cairdes nas faltas anteriormente cometidas. Nessa nova existência, se o Espírito sofrer as suas provas com coragem e souber resistir, eleva-se a si próprio e ascenderá na hierarquia dos Espíritos, quando voltar para o meio deles.

Comentário de Kardec: Se não temos, durante a vida corpórea, uma lembrança precisa daquilo que fomos, e do que fizemos de bem ou de mal em nossas existências anteriores, temos, entretanto, a sua intuição. E as nossas tendências instintivas são uma reminiscência do nosso passado, às quais a nossa consciência, que representa o desejo por nós concebido de não mais cometer as mesmas faltas, adverte que devemos resistir.

394. Nos mundos mais adiantados que o nosso, onde não existem todas as nossas necessidades físicas e as nossas enfermidades, os homens

compreendem que são mais felizes do que nós? A felicidade, em geral, é relativa; sentimo-la por comparação com um estado menos feliz. Como, em suma, alguns desses mundos, embora melhores que o nosso, não chegaram ao estado de perfeição, os homens que os habitam devem ter motivos de aborrecimento a seu modo. Entre nós, o rico, ainda que não sofra a angústia das necessidades materiais como o pobre, não está menos sujeito a tribulações que lhe amarguram a vida. Ora, pergunto se, na sua posição, os habitantes desses mundos não se sentem tão infelizes quanto nós e não lastimam a própria sorte, já que não têm a lembrança de uma existência inferior para comparação?

— A isto é preciso dar duas respostas diferentes. Há mundos, entre aqueles de que falas, em que os habitantes, situados, como dizes, em melhores condições que vós, nem por isso estão menos sujeitos a grandes desgostos e mesmo a infelicidades. Estes não apreciam a sua felicidade pelo fato mesmo de não se lembrarem de um estado ainda mais infeliz. Se, entretanto, não a apreciam como homens, o fazem como Espíritos.

Comentário de Kardec: Não há, no esquecimento dessas existências passadas, sobretudo quando foram penosas, alguma coisa de providencial, onde se revela a sabedoria divina? É nos mundos superiores, quando a lembrança das existências infelizes não passa de um sonho mau, que elas se apresentam à memória. Nos mundos inferiores, as infelicidades presentes não seriam agravadas pela recordação de tudo aquilo que se tivesse suportado? Concluamos, portanto, que tudo quanto Deus faz é bem-feito, e que não nos cabe criticar as suas obras e dizer como Ele deveria ter regulado o Universo.

A lembrança de nossas individualidades anteriores teria gravíssimos inconvenientes. Poderia, em certos casos, humilhar-nos extraordinariamente; em outros, exaltar o nosso orgulho, e por isso mesmo entravar o nosso livre-arbítrio. Deus nos deu, para nos melhorarmos, justamente o que nos é necessário e suficiente: a voz da consciência e nossas tendências instintivas, tirando-nos aquilo que nos poderia prejudicar. Acrescentemos ainda que, se tivéssemos a lembrança de nossos atos pessoais anteriores, teríamos a dos atos alheios, e esse conhecimento poderia ter os mais desagradáveis efeitos sobre as relações sociais. Não havendo sempre motivo para nos orgulharmos do nosso passado é quase sempre uma felicidade que um véu seja lançado sobre ele. Isso concorda perfeitamente com a doutrina dos Espíritos sobre os mundos superiores ao nosso. Nesses mundos, onde não reina senão o bem, a lembrança do passado nada tem de penosa; é por isso que neles se recorda com frequência a existência precedente, como nos lembramos do que fizemos na véspera. Quanto à passagem que se possa ter tido por mundos inferiores, a sua lembrança nada mais é, como dissemos, do que um sonho mau.

395. Podemos ter algumas revelações sobre as nossas existências anteriores?

— Nem sempre. Muitos sabem, entretanto, o que foram e o que fizeram; se lhes fosse permitido dizê-lo abertamente, fariam singulares revelações sobre o passado.

396. Algumas pessoas creem ter a vaga lembrança de um passado desconhecido, vislumbrado como a imagem fugitiva de um sonho que em vão se procura deter. Essa ideia não seria uma ilusão?

— Algumas vezes é real; mas quase sempre é também uma ilusão, contra a qual se deve precaver, pois pode ser o efeito de uma imaginação superexcitada.

397. Nas existências corpóreas de natureza mais elevada que a nossa, a lembrança das existências anteriores é mais precisa?

— Sim, à medida que o corpo é menos material, recorda-se melhor. A lembrança do passado é mais clara para aqueles que habitam os mundos de uma ordem superior.

398. As tendências instintivas do homem, sendo uma reminiscência do seu passado, pelo estudo dessas tendências ele poderá reconhecer as faltas que cometeu?

— Sem dúvida, até certo ponto; mas é necessário ter em conta a melhora que se possa ter operado no Espírito e as resoluções que ele tomou no seu estado errante. A existência atual pode ser muito melhor que a precedente.**

398-a. Pode ela ser pior? Por outras palavras, pode o homem cometer numa existência faltas não cometidas na precedente?

— Isso depende do seu adiantamento. Se ele não souber resistir às provas, pode ser arrastado a novas faltas que serão a consequência da posição por ele mesmo escolhida. Mas em geral essas faltas denunciam antes um estado estacionário do que retrógrado, porque o Espírito pode avançar ou se deter, mas não recuar.

399. Sendo as vicissitudes da vida corpórea ao mesmo tempo uma expiação das faltas passadas e provas para o futuro, segue-se que, da natureza dessas vicissitudes, possa induzir-se o gênero da existência anterior?
— Muito frequentemente, pois cada um é punido naquilo em que pecou. Entretanto, não se deve tirar daí uma regra absoluta; as tendências instintivas são um índice mais seguro, porque as provas que um Espírito sofre, tanto se referem ao futuro quanto ao passado.

Comentário de Kardec: Chegado ao termo que a Providência marcou para a sua vida errante, o Espírito escolhe por si mesmo as provas às quais deseja submeter-se, para apressar o seu adiantamento, ou seja, o gênero de existência que acredita mais apropriado a lhe fornecer os meios, e essas provas estão sempre em relação com as faltas que deve expiar. Se nelas triunfa, ele se eleva; se sucumbe, tem de recomeçar.

O Espírito goza sempre do seu livre-arbítrio. É em virtude dessa liberdade que, no estado de Espírito, escolhe as provas da vida corpórea, e no estado de encarnado delibera o que fará ou não fará, escolhendo entre o bem e o mal. Negar ao homem o livre-arbítrio seria reduzi-lo à condição de máquina.

Integrado na vida corpórea, o Espírito perde momentaneamente a lembrança de suas existências anteriores, como se um véu as ocultasse. **Não obstante, tem às vezes uma vaga consciência, e elas podem mesmo lhe ser reveladas em certas circunstâncias. Mas isto não acontece senão pela vontade dos Espíritos superiores, que o fazem espontaneamente, com um fim útil, e jamais para satisfazer uma curiosidade vã.**[1]

As existências futuras não podem ser reveladas em caso algum, por dependerem da maneira por que se cumpre a existência presente e da escolha ulterior do Espírito.

O esquecimento das faltas cometidas não é obstáculo à melhoria do Espírito, porque, se ele não tem uma lembrança precisa, o conhecimento que delas teve no estado errante e o desejo que concebeu de as reparar, guiam-no pela intuição e lhe dão o pensamento de resistir ao mal. Este pensamento é a voz da consciência, secundada

1 Grifo nosso.

pelos Espíritos que o assistem, se ele atende às boas inspirações que estes lhe sugerem.

Se o homem não conhece os próprios atos que cometeu em suas existências anteriores, pode sempre saber qual o gênero de faltas de que se tornou culpado, e qual era o seu caráter dominante. Basta que se estude a si mesmo, e poderá julgar o que foi, não pelo que é, mas pelas suas tendências.

As vicissitudes da vida corpórea são, ao mesmo tempo, uma expiação das faltas passadas e provas para o futuro. Elas nos depuram e nos elevam, se as sofremos com resignação e sem murmúrios.

A natureza das vicissitudes e das provas que sofremos pode também esclarecer-nos sobre o que fomos e o que fizemos, como neste mundo julgamos os atos de um criminoso pelo castigo que a lei lhe inflige. Assim, este será castigado no seu orgulho pela humilhação de uma existência subalterna; o mau rico e avarento, pela miséria; aquele que foi duro para os outros, pelo tratamento duro sofrerá; o tirano, pela escravidão; o mau filho, pela

ingratidão dos seus filhos; o preguiçoso, por um trabalho forçado, etc.

O grifo no comentário de Kardec à resposta da 399 é meu. Ecoa ainda em minha mente, diante de tantas novas pesquisas acerca do inconsciente que revelam — sob os cuidados espirituais —, os fatos do passado que influenciam, atuam, reverberam nas vidas atuais.

Há todo um time de profissionais médicos e de demais áreas da ciência pesquisando como essas memórias podem nos ajudar em diversos dramas — de fobias a crises existenciais, passando por entendimento do espectro autista, por exemplo. Como Roberto, nosso personagem, teria desenvolvido uma personalidade tão possessiva, doentia e incapaz de perceber a mulher e suas virtudes?

O passado explica, e nós o fazemos um pouco no filme também. Decisão árdua cinematograficamente falando, quando "explicações" são necessárias em palavras. A bem da verdade, o filme poderia ser uma novela ou uma minissérie. Ver o passado preenchendo lacunas do presente é completar um quebra-cabeça dramático e deixar as emoções e reflexões necessárias ao espectador.

Outro assunto que o filme aborda e deixa ecos para nossas vidas — e esperamos que deixe nas vidas dos que o assistirem — é o tema da obsessão espiritual. Afinal, o que acontece com Roberto depois da morte do corpo físico? A resposta é simples... ou quase. Ele se transforma em um obsessor.

O que é isso? Considerando as dimensões paralelas e os traços de personalidades psicopatas, a história mostra que somos os mesmos depois que morremos. E mais: nossas qualidades ou imperfeições se evidenciam.

O assunto é vasto. Há livros e livros, palestras e estudos espalhados pelas redes e livrarias. O cinema ainda encontra essa relação morto-vivo em gêneros que são capazes de produzir medo, tensão e susto. O gênero que mais gosta de falar dos mortos é o terror, acompanhado pelo suspense.

Isso ocorre porque o entendimento da vida depois da vida ainda é frágil, passa pelo misticismo, esbarra na ignorância e descrença e culmina na fantasia. Claro que é atraente para "segurar" a audiência ter um morto dando sustos e ameaçando pessoas indefesas.

Mas obras como *Ninguém é de ninguém* vão além. Não se privam disso, e confesso que o livro é muito mais completo sobre a vida no mundo espiritual do que o filme. Roberto tem uma nova trajetória no mundo espiritual depois de morrer e de tentar obsidiar a esposa e aqueles que lhe "fizeram mal". Ele tem a chance de ser ajudado, orientado, de aprender a perdoar e até de encontrar um novo amor.

Para o filme, optamos pelos fatos da Terra serem mais preponderantes. Toda a trajetória de Roberto depois da morte fica guardada para os leitores. Seria muita informação e praticamente "um novo filme" acompanhar um obsessor e suas intempéries pelo caminho espiritual.

Mas o tema está lá. "Atrás do trio elétrico também vai quem já morreu", diz o espírito para Gioconda, a quem foi provocar e levar a todas as consequências. Os livros de Zibia e Lucius são verdadeiras enciclopédias de comportamentos obsessores. Os que morrem e estão possuídos pelo desejo de vingança continuam possuídos e querem atacar seus algozes ou suas vítimas.

É um novo paradigma de vida, e histórias como essas produzem "nós" nas almas que ainda se ressentem com os temas que urgem ser abordados por todos nós — espiritualidade sem fronteiras. Com conhecimento e amor.

Kardec também abordou — e muito — o tema das relações entre vivos no mundo material e vivos no mundo espiritual. Em *O Livro dos Espíritos*, sua obra basilar, há diversos pontos passíveis de consulta quando o assunto é obsessão espiritual. Da questão 971 à 973, por exemplo, ele fala dessas relações que ocorrem quando um ser que morreu ainda quer vingar-se — a despeito das paixões humanas terem acabado — dos que ficaram.

Mas é na pergunta 459 que a resposta simples e transformadora chega:

Os Espíritos influem sobre os nossos pensamentos e as nossas ações?

> — Nesse sentido a sua influência é maior do que supondes, porque muito frequentemente são eles que vos dirigem.

Gioconda morre por sua "invigilância", que pode ser fruto da influência de Roberto, mas não deixa de ser resultado de seu arbítrio. Uma relação dúbia, talvez. Roberto está ali, incentivando-a aos remédios, à bebida e ao descontrole. Essas relações podem ser pavorosas e produzirem muitos filmes de terror, mas, antes de tudo, são relações que precisam de perdão e amor para que os ciclos de erros e dores possam terminar. São relações que precisam de dramas e histórias de redenção e recuperação. Histórias como as que Zibia e Lucius colocaram no papel por tantos e tantos anos.

8 – CINEMA: UMA ONDA DE 100 PÉS

Existe uma barreira no mundo do *surf* que é surfar uma onda de 100 pés. O tema já rendeu até um documentário e vez ou outra volta ao noticiário todas as vezes em que um surfista desce um paredão de mais de 30 metros. Há formas de medir e confirmar. Pode ser que, quando este livro sair, a marca já tenha sido alcançada.

Independentemente disso, surfar uma onda de 100 pés é uma boa metáfora. Como fazer cinema é sempre um desafio quase imensurável, as metáforas e comparações nos ajudam.

Filmar uma obra de Zibia Gasparetto é outra onda de sabe-se lá quantos pés de altura. É um tremendo desafio. Adaptar para o audiovisual um tema tão complexo, abrangente e, ao mesmo tempo, tão próximo do espectador não resiste à receita de bolo ou a fórmulas preconcebidas. Além disso, fazer cinema no Brasil também é mais uma onda a ser desafiada.

Filmar durante uma pandemia... bem, aí temos a "tempestade perfeita".

Uma das primeiras mudanças que tivemos de efetivar foi escolher a locação. A história se passa originalmente em São Paulo, mas a viagem e todos os percalços de filmagem durante a pandemia tornariam a logística um verdadeiro suplício. A solução foi usar dos bons e velhos truques de cinema e encontrar semelhanças entre o local filmado e as demandas do roteiro.

Os efeitos visuais ajudariam a completar cenários, estender ruas e situar a história. Pelo bem da dramaturgia, essa história poderia acontecer em qualquer cidade brasileira. Não é preponderante na sua condução. A característica universal do drama da família cria uma possibilidade que aproveitamos ao máximo. É um filme contemporâneo (adaptado de uma história de época), conduzido por personagens cosmopolitas.

Ao mesmo tempo, também estamos falando de uma história que reverbera além de classes sociais, apesar de Gabriela e Roberto viverem numa casa confortável e Renato e Gioconda serem notadamente ricos. Esse tema veio em nossas discussões de concepção: mas esse tipo de relacionamento não acontece em outras camadas sociais? Absolutamente sim.

Casamentos tóxicos, obsessões espirituais, ciúmes e possessividade estão presentes nas famílias de todas as classes sociais, e as escolhas do filme se deram em função do livro, do roteiro e de um interesse em falar de forma aberta ao público.

Desta forma, pensando em identificação imediata dos temas envolvidos com os personagens, assim como os locais em que a história se passa, pudemos estabelecer os critérios de locação, figurino, fotografia e produção.

A diretora de arte Ula Schliemann buscou validar os ambientes desses dois núcleos familiares a partir daí e também desenvolveu os ambientes ligados aos assuntos espirituais, como o centro espírita que faz parte da história e o local "estranho" onde Roberto encontra o homem que lhe faz os favores espirituais, uma espécie de *coach*, apelidado livremente de Houdini.

Pilar Salgado, a figurinista do filme, também desenhou a trajetória dos personagens de acordo com suas personalidades e transformações no filme. Gabriela teve o cuidado da elegância e beleza, mas também sua desconstrução foi pensada. Gioconda idem — até mesmo a hora de sua morte teve um quê de ironia dramática. Morrer daquela forma, vestida de branco, elegante e absolutamente sem compostura.

Kika Cunha, a diretora de fotografia, teve a ideia de criar contrastes na casa de Gabriela e Roberto, com "buracos de luz" e um clima mais misterioso a partir de referências como a série *O Conto da Aia*. Todas as construções visuais que vieram a seguir acompanharam a trajetória de Gabriela e Roberto, cruzando-as com a de Renato e Gioconda. Realidades diferentes e uma história trágica no meio.

As mais de 30 locações do filme, cujas filmagens aconteceram entre novembro e dezembro de 2021, foram acompanhadas de perto por todo o aparato de segurança da saúde, a que a produção executiva, a cargo de Samanta Queiroz, esteve sempre atenta. Assim, conseguimos cumprir as semanas intensas de filmagens sem um caso de covid-19 detectado entre os mais de três mil testes feitos numa equipe de, em média, cem pessoas por dia.

Dias lindos que seguiram cronogramas intensos. Cenas com tiro, com carros e chuva, de briga. Cenas de violência doméstica e cenas de romance. Todos os dias, antes de começarmos os trabalhos, reunidos em círculo, elenco e equipe "sintonizavam-se" com boas palavras e até orações — cada um do seu jeito. Espiritualidade sem rótulos. A música "Dias melhores"[2] era reincidente e motivadora. Acabou parte do filme!

Tivemos, também, dias de necessárias "presenças" amigas de médiuns que vieram dar passes em alguns membros da equipe e do elenco. No início dos trabalhos, fizemos uma reunião quase "mediúnica", onde pudemos receber orientações de mentores espirituais — não sobre a forma de trabalhar a história,

---

2 DIAS melhores. Intérprete: Rogério Flausino. Compositor: Rogério Flausino. *In:* OXIGÊNIO. Intérprete: Rogério Flausino: Chaos, 2000. 1 CD, faixa 2.

mas sobre como nos comportarmos (acho mesmo que são orientações pra vida!). Uma delas, no entanto, nos deixou muito emocionados: Zibia manda dizer que está muito feliz.

Nós também...

A jornada de filmagens é sempre intensa. Cinema é um grande encontro temporário que deixa lembranças em seus participantes. Sentar-se à mesa sozinho por conta de protocolos de proteção era um inconveniente de que não sentiremos falta. Falar através das máscaras — deixando a voz rouca de tanto forçá-la — era outro. Mas eram necessários, e, enfim, o ser humano vem sempre antes de tudo.

Tivemos dias em casas de luxo e parques com jacarés. Fomos sempre acompanhados dos indefectíveis panos de *chroma key*. Detalhe: alguns usados no filme foram herdados da produção de *Nosso Lar*, da nossa produtora.

Isso tudo faz parte do oceano de filmagens. Era preciso dar ao filme a intensidade e a veracidade de uma história que atravessa a própria realidade. Se o público não embarcar na fúria de Roberto, nos dilemas de Gabriela, nas loucuras de Gioconda e na sensatez de Renato, nada dará certo — isso para mencionar apenas algumas características dos personagens principais.

Claro que havia muito mais. E o cuidado com a construção dos personagens exigiu leituras em grupo, algumas vezes *on-line*, além de ensaios, visitas às locações, o *workshop* de que já falamos e os papos pessoais. Danton Mello estava sempre concentrado, com o olhar fixo, poucos sorrisos, enquanto Roberto estava por perto. Carol Castro, por sua vez, parecia estar em outra dimensão durante as filmagens. Gabriela causava-lhe tantos gatilhos, conforme ela afirmou em entrevista e nas primeiras conversas com a equipe do filme, que era preciso andar "desarmada" para surfar essa onda de 100 pés particular na qual se atirou com fervor.

O mesmo para Paloma Bernardi. Vilã? Isso mesmo, mas sem contornos de vilã. Sim, maldades e imperfeições de quem também ama — do seu jeito, claro —, sofre e pensa em manter a estabilidade familiar. Seu roteiro era todo colorido — as falas com determinado sentimento de uma cor, as com outros sentimentos com outra cor.

Rocco Pitanga também viu como seu Renato iria impactar sua vida. O ator se permitiu "trocar" com o personagem, sentir como ele e viver o drama de um advogado estabelecido, que se vê diante de situações absolutamente "fora de controle".

Tivemos surpresas e encontros maravilhosos com Renata Castro Barbosa, sempre talentosa, atenta e "conhecedora do tema", que interpretou uma funcionária da família cheia de conhecimentos espirituais. Ou mesmo quando Gleici Damasceno ofereceu sua vivacidade à assistente jurídica de Gabriela. "Força, determinação e aquele olhar de mulher empoderada" deram a ela o tom de que a história precisava.

Na hora da pós-produção, os irmãos Thiago dos Anjos e Diogo dos Anjos da Inova Filmes, responsáveis pelos efeitos visuais, praticamente mergulharam em realidades espirituais "com todo o respeito", como afirmaram, para conceber "os mortos" da história. Tínhamos desafios que não dispunham de referências objetivas — como mostrar um espírito que vai se decompondo? Como mostrar espíritos que já vivem "em trevas" e praticamente não têm mais forma humana? Como mostrar os ataques espirituais de um homem possuído de raiva e ciúmes? E uma sessão num centro espírita, em que um desencarnado usa um médium para mandar sua mensagem?

Tais cenas têm uma característica muito específica dos livros de Zibia e das realidades espirituais: não estão presentes em outras cinematografias do mundo, justamente porque esse conteúdo é ainda original do Brasil.

Foram dezenas de tentativas para encontrarmos a melhor textura para o personagem Roberto depois de morto, assim como os "trevosos", ou o mentor de Luiz Antonio Pilar. O ator gostou da ideia do figurino com uma referência franciscana e usou o cinto com os nós como inspiração para sua atuação.

Isso tudo foi acompanhado de perto pela editora Livia Pimentel, que, na primeira versão, teve a parceria com Leticia do Valle. Essa primeira junção das cenas na ilha de edição teve inacreditáveis três horas e onze minutos de duração. Para um filme que atenda ao mercado comercial hoje em dia, esse tempo é inviável. E, de fato, também é preciso cortar, alinhar, recontar, enxugar. Isso tudo é um processo lento e quase exaustivo. Há épocas em que precisamos "parar de ver o filme" para deixá-lo crescer, ter outras ideias e visões.

Que o diga a Livia, que lapidou as quase 30 versões do filme na pós-produção (muito em função do vai-volta dos efeitos visuais). A bem da verdade, para as editoras, o filme teve cinco "cortes". Ah, o roteiro teve nove tratamentos.

O resultado que foi para a tela é um filme de uma hora e quarenta minutos de duração.

Depois de pronto, acabou? Nada. Há ainda o trabalho incrível da equipe da Sony, capitaneada por Elô Winther, Camila Pacheco, Regina Buffolo, Patricia Costa, Ana Holanda, Rodolfo Junior, mais conhecido como Dodô, e, claro, segurando no leme, o André Sala, presidente — cuja opinião apaixonada pelo filme, ainda vendo uma versão inicial, foi reconfortante e determinante para seguirmos adiante. Toda a equipe Sony mergulhou nesse universo de Zibia e era possível perceber que havia "algo a mais", principalmente no entusiasmo das mulheres. Sim... é a vontade de gritar para os homens e para o mundo: "Parem!".

O lançamento do filme, no dia 20 de abril de 2023, namora uma data importante no país: dia 18 é do espiritismo, data que relembra o lançamento de *O Livro dos Espíritos* por Allan Kardec, em 1857, Paris, França.

Quanto à onda que todos nós surfamos muito, o resultado está nas telas, junto ao eco em nossas memórias dos dezoito meses em que passamos juntos construindo este filme.

9 – TEXTO E FOTOS

FADE IN

EXTERNA: PARQUE – DIA

Num lindo parque da cidade, uma família brinca feliz: Gabriela, 35 anos; Roberto, 40 anos; e seus dois filhos, Guilherme, 10 anos, e Maria Clara, 8 anos. Bola, freesby, bumerangue, pular corda.

Roberto vai beber um pouco de água. De repente, o celular de Gabriela, que está jogado numa toalha com as frutas e bebidas de um piquenique, toca.

EM DETALHE

O nome Doutor Renato aparece.

Hesitante, Roberto pensa uma, duas vezes. Gabriela não ouve o celular tocando e continua brincando. Ele resolve atender.

ROBERTO

— *Alô... aqui é o marido da Gabriela...*

(Sem resposta)

A ligação cai. Roberto hesita, mas não resiste.

EM DETALHE

Ele tenta digitar a senha uma, duas, três vezes, mas fracassa.

Gabriela percebe que Roberto está mexendo no celular dela e se aproxima...

GABRIELA

— *Não ouvi... quem era?*

ROBERTO

(Disfarçando)

— *Acho que seu chefe. Fim de semana também agora? Atendi, mas não respondeu... Parece que travou... qual é a senha?*

(Hesitante)

— Vai, diz! Quero tirar uma foto sua.

GABRIELA

— Meu aniversário...

ROBERTO

(Digitando)

— Que criativa...

Ele desbloqueia o aparelho, mas ela pega o telefone de volta.

ROBERTO

— Calma... que é isso?

GABRIELA

(Checa)

— Era o doutor Renato, sim.

ROBERTO

— Tem hora extra nessa ligação?

(Ela digita)

— Gabriela, não acredito! Você vai ligar de volta? E a vida particular? Tem não?

GABRIELA

(Pensa... para)

— Tem razão. Desculpe.

(Vê os filhos)

— Vamo... vem brincar com eles!

ROBERTO

— Que bom... pela nossa família...

(Tempo)

— Tô indo...

Ela vai linda e leve. Roberto vê o celular... vai esticar a mão, mas Gabriela volta e pega o aparelho.

INTERNA: CASA DE ROBERTO E GABRIELA – NOITE

Roberto entra molhado da chuva. Gabriela vem toda arrumada, linda, pela sala. Maria Clara e Guilherme ali.

GABRIELA

— Ah... quando sou eu que tenho que falar contigo, você não atende! O que houve?

ROBERTO

— Acabou a bateria. Te liguei também, mas você não atendeu. Fui buscar as crianças. Te avisei.

GABRIELA

— Nossa... não te ouvi falar isso!
Fiquei sem bateria também! Que coisa!

(Tempo)

— Então... agora que chegou, tenho uma ótima notícia!

(Tempo)

— Vamos jantar pra comemorar.

ROBERTO

— O que pode ser bom agora, mulher?

GABRIELA

— Sou a mais nova associada do escritório.

(Silêncio)

— Não diz nada? Roberto, sabe o que isso significa?

ROBERTO

— Gabriela, vou conseguir meu dinheiro de volta. Vou achar o Neumes. Comprar outro carro, pagar as dívidas todas, limpar meu nome!

GABRIELA

— Você ouviu o que eu disse?

ROBERTO

— Ouvi. É mesmo uma notícia importante pra você.

GABRIELA

— Vamos sair, a gente precisa espairecer um pouco. Já falei com a Nicete pra ficar. Aí, quando a gente abrir um vinho, você lembra de dizer... "parabéns, querida". Vamos, se arruma rapidinho.

ROBERTO

— Desculpa... parabéns, querida. Não tô com a cabeça boa... Como é que você voltou da escola?

GABRIELA

(Pausa)

— Eu? Ah, peguei um táxi. Vamos... vai ser bom sair um pouco.

ROBERTO

— Era Uber ou táxi normal?

GABRIELA

— Para com isso. Vamos?

ROBERTO

— Não tô bem. Não me pressiona.

Ele vai para o quarto. Ela segura a raiva, as lágrimas, tudo. Olha para as crianças que estavam na sala.

INTERNA NO RESTAURANTE/BANHEIRO MASCULINO – DIA

Gioconda tranca a porta por dentro. Roberto se assusta.

ROBERTO

— Por favor... não posso...

GIOCONDA

(Outro tom)

— Qual o problema que você tem com a sua mulher?

ROBERTO

— Eu? Nada. Ela é minha mulher! Sou fiel... nem perto...

GIOCONDA

— Que bom. Eu também sou fiel ao meu marido. Não será esse o problema?

ROBERTO

— Eu não sei do que você tá falando.

GIOCONDA

*— Espero que esteja tudo bem no seu casamento.
E que esteja tudo bem no meu casamento também.
Concorda?*

ROBERTO

— Concordo. Sim, concordo muito.

GIOCONDA

— Se alguma coisa não estiver bem, você me diz?

ROBERTO

— Digo, absolutamente, digo sim.

GIOCONDA

*— Podemos sempre resolver as coisas que
não estejam bem.*

ROBERTO

— Verdade. Não há nada que não possa ser consertado.

Ela destranca a porta. Observa e faz
sinal de que ele pode sair.

GIOCONDA

— Devia guardar seu soco pra coisas melhores. Tipo pra algumas mulheres que não se comportam.

Ele percebe e sai. Ela "entende" que ele sabe de alguma coisa.

INTERNA: BARZINHO DE ESQUINA – DIA

De óculos escuros, Gioconda encontra-se com Roberto.

ROBERTO

— Precisa ter certeza pra ver coisas que estão pulando na sua frente?

GIOCONDA

— Como ele pôde?

ROBERTO

— Como ela pôde?

(Tempo)

— Nunca deixei faltar nada em casa... sempre fui fiel.

GIOCONDA

— Eles se encontram onde?
No escritório? Não é possível.

ROBERTO

— Você sabe que pra trair não precisa
de muita coisa, né?

GIOCONDA

— Pra acabar com tudo também.

(Tempo)

— Entro em contato. Jamais me procure.
Nós nunca nos encontramos nesta vida.
Nem em outra, se houvesse.

ROBERTO

— Só dizer o que preciso fazer.

Ela sai do barzinho. Roberto suspira.
Walmir,
o assistente da obra, entra.

WALMIR

— Doutor Roberto...

(No bar)

— Dá uma branquinha aí!

ROBERTO

— Fala, Walmir. Tudo bem?

WALMIR

— Mais ou menos... minha mulher tá me largando...

(Tempo)

— Mas eu já dei um jeito. Já, já ela volta pra mim. Amarrei tudo que nem o capeta solta!

(Entorna o copo)

Roberto presta atenção.

EXTERNA: ESCRITÓRIO DE ADVOCACIA/HALL DE ENTRADA – DIA

Saindo, Gabriela vê Roberto.

ROBERTO

— Gabriela! O que tá acontecendo com a gente? Cadê nosso amor? Você saiu de casa pra quê? Vamos voltar...

Gabriela vê o marido vindo em sua direção.

GABRIELA

— Vai embora daqui! A gente conversa depois com calma... eu preciso me acalmar... você também... Como teve coragem de me incriminar?! Você e a mulher do Renato!

ROBERTO

— Eu...não fiz por mal... aquela mulher me enrolou... ela foi falando... me disse que vocês eram amantes... Por favor, me perdoa...

Roberto estava se aproximando, quando os dois ouvem outra voz.

GIOCONDA

(O.S)

— Sua vagabunda! Já falei uma vez pro teu homem e agora vou falar pra você: larga do meu marido!

Gioconda aponta a arma para Gabriela.

É o tempo de Gioconda dar alguns passos e Roberto correr na direção de Gabriela. Ela puxa o gatilho, e o tiro acerta Roberto no ombro, pelas costas, numa clássica cena de "marido salva mulher".

Quem também viu tudo foi Renato, que saía do elevador.

Gioconda vai embora. Outro segurança corre atrás de Gioconda, que entra no carro e arranca.

Gabriela ampara o corpo de Roberto todo ensanguentado. Renato ali perto.

FADE OUT

FADE IN

INTERNA: CENTRO DE ORAÇÕES – NOITE

Nicete em concentração, e o médium também. O mentor chega com Roberto.

ROBERTO

— O que é isso?

MENTOR

— Agora, pode falar o que quiser.

De repente, uma conexão com fios de energias, que saem do médium e chegam a Roberto.

ROBERTO/MÉDIUM

(Junto do médium)

— Não vim aqui pra falar nada!

Renato e Gabriela se assustam.

MENTOR

— Aproveita... ela tá te ouvindo...

Alternamos a voz do médium para
a voz de Roberto, que vê Gabriela,
Roberto e Nicete.

ROBERTO/MÉDIUM

— Eu sei que ela tá aqui! Tô vendo os dois!
Malditos! Já dei jeito numa,
vou dar jeito nele também!
Mas isso é culpa tua!

(Aponta Nicete)

— Senão ela nunca viria. Ela não acredita nisso!

Renato e Gabriela se olham assustados.
Nicete está emocionada.

NICETE

— Eles te ouvem... pode falar.

ROBERTO/MÉDIUM

— Esse canalha roubou a minha mulher... eles disseram que não, mas ela é minha mulher.

NICETE

— Ela não é sua. E você agora sabe que eles nunca te traíram...

ROBERTO/MÉDIUM

— Isso é o que dizem...

MENTOR/NICETE

— Isso é amor?

ROBERTO/MÉDIUM

— Não interessa... ela não vai fugir de mim assim!

MENTOR

— Você deveria pedir perdão pra ela.

ROBERTO/MÉDIUM

(Tempo)

— Não vou pedir perdão...

(Ele se emociona)

— Eu sei que errei... fui um marido horroroso...
Bati nela, sim... forcei coisas... Droga! Eu não queria...
mas é como se eu fosse um bicho...
Não me controlo!

(Tempo)

— Isso é loucura da minha parte...
mas é meu sentimento.
E ela tinha que respeitar!

(Tempo)

— Gabriela, você sabe... eu preciso de você!
Eu vou matar esse cara!

O mentor remove a ligação energética com um movimento de mão. Roberto sente o impacto da desconexão.

MENTOR

— Seu tempo acabou.

Roberto está assustado, fraco.

INTERNA: CASA DE ROBERTO
E GABRIELA/COZINHA – NOITE

Gabriela e Nicete lavam louça e arrumam coisas. Um copo cai e quebra.

GABRIELA

— Às vezes, olho e penso que casei com um homem e hoje vivo com outro.

NICETE

(Pensa e decide falar)

— Nós somos o resultado de muitas experiências diferentes... muitas delas vividas noutras vidas, inclusive. Por isso, é difícil conhecer as pessoas com tanta certeza... quer dizer, se conhecer já é uma dureza...

GABRIELA

— Então, o Roberto era um senhor de escravos? Só pode. Porque, de vez em quando, eu vejo nele alguém que não reconheço mesmo.

NICETE

(Sorri)

— Ou, então, a gente tem que descobrir o que será que ele fez com a doutora em outra vida pra ter tanto ciúme assim, né?

GABRIELA

— Muito complicado pra mim. Já basta o que ele tem feito nesta vida. Eu penso nas crianças o tempo todo... penso no que preciso fazer, mas não tenho coragem... Sou uma covarde, Nicete, isso sim.

Nicete não responde.

INTERNA: CASA DE ROBERTO
E GABRIELA/QUARTO – DIA

Gabriela faz uma mochila de roupas.
Roberto entra atrás.

ROBERTO

— Que é isso, Gabriela?

GABRIELA

— Sai de perto de mim! Seu doente! Você é um doente... Você está doente... e vai ser sempre assim!

ROBERTO
(Chorando)

— Por que tá pegando essas roupas?

GABRIELA

— Adivinha!

ROBERTO

— Você é minha mulher, Gabriela! Minha mulher! Fica em casa! Minha!

GABRIELA

— Eu não sou sua! Você não é meu dono!

ROBERTO

— Desculpa! Eu não sei o que eu tô falando...
Eu não estou bem.

(Respira fundo)

— Larga aquele cara... Deixa ele... fica comigo!

GABRIELA

— Deixa quem? Do que você está falando?

ROBERTO

— Teu amante...

(Silêncio)

GABRIELA

— Roberto, você perdeu completamente o juízo.
Eu não tenho amante!

Ela sai pela porta.

INTERNA: ESCRITÓRIO DE ADVOCACIA/SALA DE REUNIÃO – DIA

Gabriela, banhada em lágrimas, está lívida. Já ouviu tudo. Renato está cabisbaixo. Egberto ali, terminando.

EGBERTO

— Doutor, meu papel acaba aqui agora.

RENATO

— Obrigado, Egberto. Seus honorários...

EGBERTO

— Pode deixar, doutor. Tudo certo. E, doutora... sabe onde fica a delegacia de mulheres?

Aponta os braços dela com manchas vermelhas. Gabriela tenta esconder.

EGBERTO

— Sou detetive, né? Meu trabalho é ler os sinais que a vida manda.

(Silêncio)

— Com licença.

O detetive sai. Renato busca forças. Eles se olham. Falam juntos.

RENATO

— Me perdoe se em algum momento eu dei alguma indicação de algo que nunca existiu.

GABRIELA

— Imagina... você sempre foi o mais
profissional e educado comigo possível.
Mas eu fico me perguntando
o que eu fiz pra essa mulher.

RENATO

— Não faço a menor ideia... a Gioconda
tá doente... Talvez eu viva uma realidade
parecida com a sua, Gabriela...
Eu gostaria muito que você voltasse
ao nosso escritório e entendo plenamente
se quiser processar a Gioconda.

GABRIELA

— Minha vida virou do avesso. Em uma semana...
tudo foi do céu ao inferno.

RENATO

— Eu não quero ser quem te levou aos dois lugares.

Ele segura a mão dela. Olho no olho.
A proximidade a incomoda um pouco.
Ela se desvencilha.

10 – ENFIM, OS PERSONAGENS

Gabriela

Talvez o autor espiritual tenha mudado o nome da pessoa que viveu essa história no mundo encarnado. Teria escolhido a sonoridade e a doçura de um nome consagrado pela literatura brasileira de Jorge Amado? Ou simplesmente assumido que essa Gabriela, que viveu toda essa trama em meados do século passado, seja ela mesma, empoderada agora, transformada pelas dores do caminho e absolutamente feliz por ter vivido uma história de amor, que foi interrompida tragicamente ainda no século anterior?

Saber que a obra *Ninguém é de ninguém* é baseada em personagens reais — como todos os livros da safra produzida por Lucius e Zibia — trouxe um componente inesperado ao elenco do filme. "Por essa eles não esperavam", pensei, também surpreso, confesso.

Onde estarão Gabriela e Renato, seu amor? Onde estará Roberto, que transitou entre umbrais, foi resgatado e encontrou um novo amor, como relatado por Lucius/ Zibia no livro?

Aqui, faço um miniparágrafo dentro de um parêntese (está bem, seria uma ótima continuação ver a história de amor de Roberto no mundo espiritual como sequência do *Ninguém é de ninguém*...).

Não precisamos comparar os sofrimentos da Gabriela do livro com a Gabriela do filme. "A dor é de quem tem", como diria Marisa Monte em sua bela música "De mais ninguém". Mas a Gabriela do filme tem uma característica inerente ao meio em que sua história é contada: ela é visual, auditiva, tem suor, olhares, um jeito de andar, sorrir e chorar.

Tem mais: um coração sofrido, um dilema, a dor da violência nas cicatrizes e, aos poucos, um brilho de esperança, uma descoberta surpreendente, e fatos que se desenvolvem para sua libertação. Ela é empoderada — mas talvez até adentrar o portão de casa.

Gabriela daria inúmeras teses psicológicas atualmente. Seria reconhecida por milhares — quiçá milhões — de outras "Gabrielas" que estão nas mesmas condições. Ou piores. Marido que minimiza a esposa o tempo todo por medo de perdê-la? Marido que pede que a mulher pare de trabalhar, pois não suporta que ela seja livre? Marido que evita levar a esposa ao médico para que ela "não tire a roupa" na frente de um profissional de saúde? Marido que só pensa nele? Existem aos montes por aí.

Carol Castro não segurou as lágrimas — como boa parte da equipe feminina — nas cenas mais violentas. Gatilho! Essa era a palavra mais citada nos intervalos. O coração do diretor ficou apertadinho, confesso. O "tudo pela arte" não existe. A gente para, conversa, respira. Perdão pelo mundo patriarcal, pelo mundo machista, pelo mundo violento!

Sim, perdão! E vamos contar e reforçar para as pessoas do que se trata o mundo que está doente de si mesmo, doente de maldade que não consegue vencer. Assim, nosso filme se constrói — com perdão e vontade de expor para que não se repita.

A atriz Carol Castro disse:

> Mexeu muito comigo me colocar nesse lugar de retratar uma mulher que sofre violência, que sofre abuso. Várias vezes em cena, antes das cenas de abuso, de agressão, eu pensei em todas as mulheres que passaram por isso, passam por isso ou que vão passar por isso. E isso me emocionava muito. Para mim, esse foi um grande desafio, sabe? Contar essa história tão necessária, que é um alerta, que é também um pedido de socorro.

Mas e o Roberto?

Bem, Danton Mello também chorou — e muito — em cenas nas quais teve que usar violência física ou moral e emocional. "Pensava nas minhas filhas", ele declarou em uma das entrevistas para a equipe de *making of*. E eu pensava: "Como pudemos... como conseguimos...?".

Estupro, tapa, desprezo, abuso moral. Crimes diversos. Até depois de morto. A experiência de "continuar a vida" não é fácil para quem descobre o grande fato justamente depois de "acabar uma fase".

A chegada do Danton ao projeto foi daquelas histórias de bastidores que sempre contam em cursos de teatro ou quando querem exemplificar a natureza desse trabalho. Faltavam dez dias para as filmagens começarem, e problemas contratuais impediram outro profissional de "assumir" Roberto. Ao mesmo tempo, mudanças na vida profissional desse ator, que já conta décadas de experiência, permitiram que, em um telefonema, o personagem o encontrasse. "Wagner, me dá o fim de semana pra ler? Se eu curtir, vamos fazer!", ele disse na sexta-feira a um diretor atordoado com a possibilidade de não ter um dos protagonistas da história a duas semanas de as filmagens começarem.

No sábado, ele ligou e disse: "Quero fazer".

E eu pensei: "Assim é que se faz!". Quando se tem talento e confiança, é assim que se coloca a serviço da arte de interpretar. Ele veio se expor a um mundo até mesmo desconhecido sobre as coisas da espiritualidade. Há muita virtude em mergulhar no desconhecido de mãos dadas com os colegas de trabalho.

As cenas de Roberto e Gabriela acumulavam plateia atrás da câmera e tiravam lágrimas da sempre atenta diretora de fotografia. A diretora de arte ficava esfregando as mãos de suor. Danton comentou:

> Fiquei muito feliz em ouvir a reação da nossa equipe. Acho que isso é um grande termômetro também. A equipe curtindo o trabalho, a equipe feminina com raiva do Roberto, com nojo do Roberto... Era isso que eu queria. Esse era o sentimento que eu queria que eles tivessem, porque ele é um cara muito ruim.

Com maquiagem e roupa de morto, lá foi o Danton concentrado para o *set*, descobrindo os caminhos para viver aquela experiência. Não havia piada que o tirasse do *mood* — e aqui vai mais uma lição que ecoará para quem fez o filme. O personagem fica ali, pairando, à espera. O ator pulsa, e ele aparece.

Mesmo na maldade, palmas. Porque depois é hora de aplaudir, abraçar, acarinhar e sair daquele lugar que só existe porque queremos, de alguma forma, que um dia seja só história do passado e não machuque mais ninguém no mundo.

No último dia de filmagens, Danton se despediu do personagem que mexeu tanto com ele, assim, improvisando e citando um poema de Max Ehrmann chamado *Desiderata*:

Siga tranquilamente entre a inquietude e a pressa, lembrando-se de que há sempre paz no silêncio. Tanto quanto possível, sem humilhar-se, mantenha-se em harmonia com todos os que o cercam.

Fale a sua verdade, clara e mansamente. Escute a verdade dos outros, porque eles também têm a sua própria história.

Evite as pessoas agitadas e agressivas; elas afligem o nosso espírito. Não se compare aos demais, olhando as pessoas como superiores ou inferiores a você. Isso o tornaria superficial e amargo.

Viva intensamente os seus ideais e o que você já conseguiu realizar.

Mantenha o interesse em seu trabalho por mais humilde que ele seja, ele é o que de real existe ao longo de todo tempo. Seja prudente em tudo o que fizer, porque o mundo está cheio de armadilhas, mas não fique cego para o bem que sempre existe. Por toda a parte, a vida está cheia de heroísmo.

Seja você mesmo, sobretudo, não simule afeição e não transforme o amor em um brincadeira; porque mesmo diante de tanta aridez ele é tão perene quanto a relva.

Aceite com carinho o conselho dos mais velhos, mas seja compreensível aos impulsos inovadores da juventude.

Cultive a força do Espírito e você estará preparado para enfrentar as surpresas da sorte adversa. Não se desespere com perigos imaginários, muitos temores nascem do cansaço e da solidão.

E a despeito de uma disciplina rigorosa, seja gentil para consigo mesmo. Você é filho do Universo, irmão das estrelas e árvores. Você merece estar aqui e mesmo que você não possa perceber a terra e o universo vão cumprindo o seu destino.

Portanto, esteja em paz com Deus, como quer que você O conceba. E quaisquer que sejam seus trabalhos e aspirações, na fatigante confusão da vida, conserve, no mais profundo do seu ser, a harmonia e a paz.

Com todos os enganos, penas e sonhos desfeitos, este ainda é um mundo maravilhoso. Caminhe com cuidado, faça tudo para ser feliz e partilhar com os outros a sua felicidade. Esteja atento.

Um dia maravilhoso para a gente."

Que o diga Gioconda...

Machucar talvez não seja um verbo muito usado na vida da personagem. A atriz Paloma Bernardi me olhava com seu olhão verde arregalado devido ao tamanho da loucura, da maldade e da insensibilidade que reinam na vida da personagem. "Eu tô procurando por ela ainda", me disse nas primeiras leituras e nos primeiros ensaios. Vamos juntos procurar. Há a cabeça que sacode negando tudo, o olhar sem piscar, uma sedução perdida na frieza do casamento. Há também a elegância de quem tem dinheiro, mas que não é rica de mais nada.

Aos poucos, as roupas, o gestual, a alternância de sentimentos — ela quer uma família feliz, do jeito dela, mas quer! Mas descobrimos que esse querer não é legítimo, porque ela vê coisas onde não existem. Ela é possessiva com o marido. O mundo gira ao redor dela.

Não tem jeito! Nessas horas, a artista tem mais é que se divertir. Seja completamente maquiada para os "tempos no umbral", em que ela vai passar, seja com a roupa mais elegante, dirigindo o carro mais luxuoso, mas portando uma arma e o desejo de matar. "Eu encontro ela e depois logo me despeço", brincou a atriz. Compenetrada, estudiosa, seu roteiro de trabalho é, de longe, o mais colorido e pontuado que já vi.

Paloma gosta da investigar essa loucura que distorce os fatos e impede de enxergar a realidade. "Tem muita gente assim, mulheres inclusive, e isso traz uma relevância para a história, que contextualiza que ciúmes, obsessão e maldade não são coisas estritamente masculinas, apesar de todo o machismo que existe", ela disse.

Paloma Bernardi, na entrevista para o *making of* do filme, relatou:

> Foram cenas muito fortes. Na primeira reunião que a gente teve, o Wagner disse: "Paloma, a sua personagem vai lidar com questões muito energéticas, muito espirituais. Se blinda! Se blinda da sua maneira, dentro da sua fé, dentro da sua proteção". Então me juntei à Nossa Senhora, fiz as minhas orações, para poder, de fato, emprestar o meu corpo, a minha mente, a minha alma e a minha arte para viver esse momento. Para dar vida a pessoas que viveram essa realidade de suicídio e não deixar isso me abalar.

A primeira cena que rodamos foi com a personagem presa recebendo a visita do marido. Cinema é assim mesmo: começa pelo meio. Paloma sentou-se na cadeira da sala onde era o cenário da delegacia. Pediu um tempo — que sempre é dado ao elenco para se concentrar. "Ação" foi dita pela primeira vez. Ela levantou os olhos... Uau... quem é essa pessoa? Gioconda. "Você é meu! Meu! Meu!", ela gritava improvisando.

Num filme com título assim, como poderíamos começar melhor? No dia do tiro, para relaxar, brincou de policial, de *As Panteras*, como menina-moleca levada no parque. Na hora do "ação", o olho brilhou de raiva. Seu único pedido foi: "Não mostre que ela tá armada antes!". Mas, na hora de editar, não teve jeito: uma mulher como ela estar armada é um momento e tanto.

Até porque ela iria matar Gabriela, mas acaba acertando Roberto. Para desespero de seu marido, o homem sempre sensato que perde o chão.

Renato

Ter o controle é algo que advogados, em geral, gostam de exercitar. No comando de uma firma importante, performando bem financeiramente e com seus funcionários plenos, a vida profissional por vezes contrasta com a vida pessoal. Casa incrível, carro perfeito, mulher linda, dois filhos e... o que falta?

Essa pergunta conduziu o ator Rocco Pitanga no início da investigação do personagem. "É interessante como tudo que parece perfeito e inatacável pode desmoronar em poucos segundos", ele disse quando falamos as primeiras vezes. Sim, Renato não conhece o exercício da impermanência. Nem os próprios sentimentos, a bem da verdade. Ele reflete:

> A gente está aqui fazendo a nossa parte com o cinema. Tentar plantar uma semente para que as pessoas que assistam ao filme

> possam refletir sobre as questões que a gente está levantando aqui, para que a gente possa mudar minimamente, ser melhor do que ontem e melhor do que anteontem e a partir daí evoluir, fazer algo melhor para o planeta, para o mundo, porque a gente está precisando.

Imaginar que sempre teve um *crush* por Gabriela é algo que está presente no livro também. Para os autores, Lucius e Zibia, havia sempre um perfeito respeito e entendimento de que Renato e Gabriela viviam realidades distintas e com as quais não se poderia "negociar".

Mas a máxima quase clichê de que o "amor fala mais alto" não falhou de novo. Um olhar, um toque de mão, uma respiração diferente, um pensamento elogioso. Admiração. Essas coisas não se controlam — muito menos suas repercussões. "O mais incrível é que ele nunca deu motivos, ela nunca deu motivos, a história de amor deles existia escondida e se manifesta de forma absolutamente inesperada", comentou Rocco.

Sim. E vira a vida do sempre sensato advogado de cabeça para baixo, a ponto de chegar a um centro espírita, ver um médium dar passagem ao espírito de Roberto e ouvir todas as acusações de coisas que fez e não se lembra.

Para o ator, talvez a cena mais difícil dentro desse personagem tenha sido aquela em que Renato é agredido por Roberto — e não revida! Rocco respirava fundo a cada *take* em que tomava um soco no rosto, amparava--se no carro, mas, por respeito a Gabriela e acreditar na justiça, o personagem não revidava.

Foi preciso muita piada depois para acalmar o brio...

Quem viu tudo foi Nicete...

Até porque a cena deflagra mais uma virada na história — quando Nicete, a funcionária de Gabriela e Roberto, assiste à briga do patrão e o desmente depois. O jeito doce da atriz Renata Castro Barbosa continha uma ironia que demarca também uma mulher defendendo outra, apesar da relação profissional. "Se ela pudesse, ela atacaria aquele patrão, tenho certeza", disse a atriz.

Renata trouxe para Nicete o conhecimento espiritual que a história pedia. Ela é um elo entre os mundos paralelos que vão conviver e o entendimento deles. "Ela é meio anjo da guarda da Gabriela, daquelas pessoas que são colocadas nas nossas vidas e têm outras missões do que as que aparentam ter...", disse a atriz, que, na vida pessoal, também gosta dos assuntos da espiritualidade. Esta, uma das famílias centrais da história. A teoria espírita informa, no entanto, que as pessoas se reagrupam por necessidades evolutivas. "Estamos no lugar onde precisamos estar, com as pessoas com quem precisamos estar, para fazer as coisas que precisamos fazer", diz André Luiz, um dos autores espirituais de *best-sellers* do mineiro Chico Xavier.

No caminho de Gabriela, Roberto e seus filhos, está uma outra família bem parecida: Renato, Gioconda e filhos.

O advogado bem-sucedido interpretado pelo ator Rocco Pitanga. Rico, dono de uma firma de sucesso, de uma casa de "cinema" (perdão pelo trocadilho), bem-vestido, bem motorizado, ele vive um conflito interno, silencioso e muito comum: não está feliz.

Apesar de todos os códigos de felicidade do mundo materialista, a sociedade de consumo não foi capaz de lhe trazer o tal sentimento que todo mundo persegue. Além disso, é casado com uma mulher de beleza incontestável e tem um casal de filhos amados, que talvez lhe indiquem "cuide de sua família!".

"Renato cai numa armadilha do destino de si mesmo, talvez", como avaliou o ator Rocco durante a preparação. A pergunta é: como um homem pragmático, objetivo e vencedor controlaria seus sentimentos? E a resposta é talvez de conhecimento universal: não controla.

Sua admiração por Gabriela é reprimida em função do respeito social. Sim, ele olha para ela apaixonado, mas nem sabe disso. Sim, ele a promoveu para tê-la ao seu lado, talvez — e porque ela é competente. Sim, ele tenta se confessar para Gabriela nos momentos a sós.

O amor aqui tem uma origem desconhecida para eles: a vida passada. "É impressionante essa visão que somos herdeiros de nós mesmos, porque podemos, então, entender as origens de sentimentos que, muitas vezes, nos parecem absolutamente incompreensíveis", comenta Rocco.

Entre Renato e Gabriela nunca houve um movimento explícito, mas sempre houve todos os movimentos implícitos. Ambos estavam vivendo relacionamentos tóxicos, por exemplo. "A similaridade de situações entre eles também ganha força quando você entende que sofreram e erraram juntos no passado", ele diz.

O passado. Quem mais estava nele nessa trama urdida em segredo no presente — e que explode de forma violenta e impensável novamente?

Ela entra em cena saindo de um elevador dentro de casa. Vestida "como num dia qualquer" com a roupa que muita gente levaria meses para comprar e teria uma ou duas oportunidades por ano para usar. Ela tem um *closet* maior que o apartamento de muita gente, e, acima de tudo, tem a beleza e o poder de quem exerce muito bem o local social em que se encontra.

Mas Gioconda tem algo a mais que a coloca na categoria de personagens "a serem observados". Ela tem ciúmes, desespero por possuir e desejo absoluto de controlar. Em seus lindos olhos verdes, ela tem a raiva do que não pode estar aos seus pés. Assim, Gioconda tem à sua frente as portas da loucura e da obsessão, do destempero e do desespero, que a fazem ser capaz de atirar contra Gabriela no intuito de assassiná-la.

"Quando eu li pela primeira vez, pensei onde poderia defender sua índole. Claro que é possível dar a ela um lugar de vítima, principalmente como mulher que não é mais amada, mas isso é insuficiente para justificar todas as brutalidades que ela faz", comentou a atriz Paloma Bernardi.

Não tem jeito! Gioconda frauda, falsifica, manipula, dissimula, mente, atira e chega ao limite da vida. Sua morte é um triste jogo de dubiedade, provocada pelos remédios e pelo álcool. Seria suicídio ou acidente?

Ambos, do ponto de vista espiritual. Descuidou-se de si e entrou em *looping*, quando começou a ouvir a voz do espírito de Roberto. Atos geram consequência, e as delas são as piores possíveis. "Ela acaba sendo sugada para esse outro mundo depois de morrer, e isso me deu pena dela", diz Paloma.

O outro mundo é conhecido como umbral: zona de trevas, de sofrimento, de suicidas confessos ou inconscientes — como ela.

O filme ainda tem personagens que orbitam esse quarteto que se reencontra para ajuste de contas.

Neumes é o sócio de Roberto. Ele rouba o companheiro no início da história, e vamos entender seus porquês na parte final. Justificativa ou não, ele é a porta que leva Roberto a perder o controle de si mesmo também. Escondido num casebre... ao lado da amante, papel que foi defendido na tela pela atriz Pagu Santana.

Matar um dos protagonistas não foi fácil. Arma, sangue, força no olhar de quem defende sua cria, seu espaço, sua vida.

Quem não defende ninguém, ao contrário, é Roudini, uma adaptação para o português do mágico famoso Harry Houdini. Na concepção real, ele é um médium que faz serviços em troca de pagamento dos clientes. Vende seu poder, mas avisa: "Tem preço que não é de dinheiro". O ator Fábio de Luca trouxe o sotaque, alguns movimentos sutis e a força de alguém que lida com o imponderável mundo espiritual tem.

Só não trouxe a ética e a moral, mas isso é outro filme...

Quem também esbarra na ética é Walmir, gerente da obra de Roberto. Amigo do patrão, ele confessa ter feito algo com sua esposa que é puro machismo. "Fiz um trabalho e amarrei minha cabrita", ele conta para o chefe. Hein?

Em outro espectro do machismo está o personagem de Leo Castro. Hélio é sócio da Alencastro e um dos primeiros a questionar Gabriela, quando a fraude envolvendo seu nome aparece. Suas palavras doem, porque vão além da simples irritação por ter sido roubado. Ele fala com Gabriela de um jeito que não falaria com outro homem na mesma situação.

Esse momento traz também outra faceta do mundo corporativo: a falta de sororidade. Ou a presença dela. A primeira vem por meio de Daniela, personagem de Aline Prado. “Nós confiamos em você, era mais uma mulher em posição de comando, e você nos traiu”, ela diz.

Quanta coisa há nessa frase...

E a outra, em contrapartida, é Laura, personagem da atriz Gleici Damasceno. Ela é porto seguro, forte, espiritualizada. Está ali porque sabe o espaço que as mulheres podem e devem ganhar cada vez mais — principalmente em equidade com os homens no ambiente de trabalho.

É dela a vontade de investigar o caso para defender Gabriela e é ela também que percebe que Renato está sofrendo algo espiritual, quando o espírito de Roberto entra no escritório.

Vale destacar também Daniela e a namorada de Hélio, personagens de Aline Prado e Natália Rosa, e um diálogo durante a cerimônia para festejar a promoção de Gabriela. Ao fazer menção à série *O Conto da Aia*, a personagem nos coloca em um oceano de maldades cometidas às mulheres, principalmente, um respiro nessa sociedade machista e distópica.

Uma sociedade que precisa de espiritualidade, diria Zibia e Lucius, autores da história.

CRÉDITOS

DIREÇÃO, ROTEIRO E PRODUÇÃO
WAGNER DE ASSIS

PRODUÇÃO
RICHARD ÁVILA

DIREÇÃO DE FOTOGRAFIA
KIKA CUNHA, ABC

PRODUÇÃO EXECUTIVA
SAMANTHA QUEIROZ

DIREÇÃO DE ARTE
ULA SCHLIEMANN

EDIÇÃO
LIVIA PIMENTEL, edt.
LETÍCIA DO VALLE, edt.

FIGURINO
PILAR SALGADO

TRILHA SONORA
MARCELO MANGA

PRODUÇÃO EXECUTIVA
SAMANTHA QUEIROZ

PRODUÇÃO DE ELENCO
VIVIANE AVILA
MICHELE FELIPPE

MAQUIAGEM
MARINA BELTRÃO

SOM DIRETO
MARCEL COSTA

DESENHO DE SOM
PC AZEVEDO

EFEITOS VISUAIS
THIAGO ANJOS
DIOGO ANJOS

COM
CAROL CASTRO
PALOMA BERNARDI
ROCCO PITANGA
DANTON MELLO
RENATA CASTRO BARBOSA
LUIZ ANTÔNIO PILAR
ALINE PRADO
LEO CASTRO
FÁBIO DE LUCA
CHARLES MYARA

PARTICIPAÇÃO ESPECIAL
STEPAN NERCESSIAN

PRODUTORES ASSOCIADOS
CAROL CASTRO
DANTON MELLO

ELENCO PRINCIPAL

Gabriela	CAROL CASTRO
Roberto	DANTON MELLO
Renato	ROCCO PITANGA
Gioconda	PALOMA BERNARDI
Nicete	RENATA CASTRO BARBOSA
Guilherme	DANI GUTTO
Maria Clara	MARIA CLARA BALDON
Celina	LAURA SOUSA
Ricardo	PEDRO GUILHERME
Hélio	LEO CASTRO
Roudini	CHARLES MYARA
Mentor Espiritual	LUIZ ANTONIO PILAR
Médium	FÁBIO DE LUCA
Neumes	CAIO PADUAN
Gerente do banco	RENATA CANOSSA
Laura	GLEICE DAMASCENO
Mulher sócia	ALINE PRADO
Espírito trevoso	ARTHUR CARDOSO
Filho de Neumes	BERNARDO TARDELLI
Médica	ELLA VASCONCELOS
Espírito trevoso	HUMBERTO VAYNE
Atendente da escola	JOVAN FERREIRA
Namorada de Hélio	NATALIA ROSA
Manobrista	NICOLAS SALIM
Esposa de Neumes	PATRICIA SANTANNA
Walmir	SAULO SEGRETO

EQUIPE TÉCNICA

DIREÇÃO

Continuista	Marcela Marciano
1º Assistente de Direção	Ju Maldonado
2º Assistente de Direção	Afonso Presto
3º Assistente de Direção	Catherine Beranger

Estagiária de Direção	Vicky Venâncio
Produtoras de Elenco	Viviane Avila
	Michele Felippe
Dublês	Superação Dublês
Figuração	D'Avier
Produtor de Figuração	D'Angelo Vidal
Fiscal de Figuração	Lilian Branco

PRODUÇÃO

Diretora de Produção	Maria Carolina Portugal
Coordenadora de Produção	Larissa Valdívia
Produtora de base	Claudia Carnevale
Assistente de Produção Executiva	Marcella Nascimento
Assistente de Produção	Luana Daltro
Assistente de Produção de Transporte	Caio Brito
Assistente de Produção de Protocolo de Covid-19	Clara Fornaciari
Produtor de Locação & Frente	Vicente Salgado
Platô	Ceará Enrique
1º Assistente de Platô	Alex Nunes
2º Assistente de Platô	Gaúcho Serpa
3º Assistente de Platô	Monique Laboussiere
Auxiliar de Produção	Si Ferreira
Auxiliar de Serviços Gerais	Jessica Barbosa Faustino
	Marcos Antônio Guimarães
	Monique Cristina de Souza

FINANCEIRO

Controller	Esdras Sottnas
Assistente de Controller	Maiara Casanova
Contador	Francisco Carlos dos Santos

ARTE

Diretora de Arte	Ula Schliemann
Coordenadora de Arte	Barbara Carauta
Assistente de Coordenadora de Arte	Marina Fish
Cenógrafa	Beatriz Peregrino
Produtora de Objetos	Isabela Azevedo
Produtora de Arte	Livia Cortes
Contrarregra	Jerônimo Cheppi
Assistente de Contrarregra	Pedro Cheppi
Ajudante de Contrarregra	Lubio Mello
Contrarregras de Montagem	Bruno Laport
	Cleber Junior
	Jeferson Cabral
	Joel Honorato Ramos
Cenotécnico chefe	Celso Luiz
Cenotécnico encarregado	Rodrigo Pequeno
Adesivador	Wallace Bom
Designer Gráfico	Nana Suzart
Aderecista	Kerrys
Costureiras	Maria Helena
	Cibele Maria de Oliveira
Estagiária de Arte	Isabella Medeiros
Comida de cena	Daniel Franco
Construção e montagem	Daniel
	Evangelista Bitoca
	Marcelo Henrique
	Oton Leôncio
Pintores	Camilo
	Cleber Junior
	Dedé
	Gerson Ferreira
	Paulo Brito
Produção de Cenotécnica e Montagem	Eleoni Silva

Paisagismo	Henrique Berbert (H.B. Garden)
Pintor de Arte	Rogério Cândido
Marcenaria	Barba Negra
Efeitos Especiais	Equipe Phantom e Charme Produções
	João Cardoso de Oliveira Filho
	João Carlos da Rocha Lima
	Luciano Freire de Farias
	Oricélio Duarte Lima
	Ricardo Costa Momesso
	Rômulo de Farias Azevedo
	Roni Teixeira de Lima

FOTOGRAFIA

Diretora de Fotografia	Kika Cunha
1° Assistente de Câmera	Hugo Mattos
	Renata Reis
	Vinicius Charret
2° Assistente de Câmera	Ricardinho Benjamin
Logger	Juliana Nicolini
Video Assist	Juliana Paliologo
	Rebecca Alves
	Vinícius Scalzilli
Steadicam	Gabriel Cherene
Still	Ique Esteves
	Julia Esquerdo
	Patricia Bezerra
	Selmy Yassuda
Coordenadora Making Of	Alice Pereira
Making Of	Fernando Gomes

FIGURINO

Figurinista	Pilar Salgado
Coordenadora de Figurino	Denise Tupynambá
Assistente de Figurino	Luna Freitas
	Leonardo Henrique
	Rebecchi Magalhães
	Nathalia Campos
Camareiros	Roberto da Silva
	Janaina de Carvalho
	Simone Totti
	Ju M.
Costureira	Railda Costa
Alfaiate	Macedo Leal
Auxiliares de Figurino	Fabi Barbosa
	Luciana Borba

SOM

Técnicos de Som Direto	Marcel Costa
	Pc Azevedo
Microfonistas	Marcelo Caseiro
	Reoni Gruber
Assistente de Som	Beto Chagas
Desenho de Som	Pc Azevedo
Mixagem	Octavio Lacerda
Edição de Diálogos	Eduardo Keller
Foley e Efeitos Sonoros	Gerson Braga
	Leonardo Braga
	Leonardo Da Vinci

MAQUIAGEM

Maquiadora	Marina Beltrão
Assistentes de Maquiagem	Marcia Caroline
	Caroline Arsenio
Cabeleireira	Mirian Beltrão
Estagiária de Maquiagem	Rafa Cosenza

Extra Maquiagem e Cabelo	Fernanda Lourenço
Coloração e Corte Paloma Bernardi	Shirley Souza/ Spa Deia e Renata
Megahair Paloma Bernardi	Neuma Véo

ELÉTRICA

Eletricista-chefe	Wilson Nunes
	Betão
1º Assistente de Elétrica	Flavio Pereira
2º Assistente de Elétrica	Bruno
	Douglas Gafanhoto
	Edvan Rodrigues
Geradorista	Tuninho

MAQUINÁRIA

Maquinista-chefe	Jesse Domingos da Silva
1º Assistente de Maquinária	Waldiney
2º Assistente de Maquinária	Tamar Barreto
Ajudantes	Victor Hugo Mota
	Wagner Rosário Galvão

FINALIZAÇÃO

Supervisão de pós-produção	Marília Moraes
Assistente de pós-produção	Micaela Ayer
Produtora de finalização	Livia Pimentel
Efeitos Especiais – VFX	Thiago Anjos
	Diogo Anjos
Coordenação Técnica	Be Audio Sound Design
Colorização	Rafael Gomes
Identidade Visual	Zeca Esperança

TRANSPORTE

Caminhão Arte	Tiago Lima
	Edson Brandão Lima
Caminhão Elétrica/ Maquinária	Marcos Timbalada
Carro Produção	Marcus Argento
	Mario Augusto Oliveira
	Seu César
	Gabriel Chardeli
	Gaguinho
	Johnny Rodrigues
	Jansen Araujo
Doblô de Contrarregra	John Souza
Doblô de Produção	Jefferson Brum
	Stenio Lima
Carro Pesquisa Locação	Bernardo Frota
Carro de Som	Fabio Ramos de Moura
Doblô de Arte	Raphael Netto Lopes
Doblô de Figurino	Rogério Fofinho
Furgão de Figurino	Manoel Alves
	Kaka
Pick up	Reginaldo Pick-up
Sprinter Platô	Luiz Henrique (Vovozona)
Sprinter de Câmera	Cristiano Pereira da Silva
Transfer Platô	Marcio Ferreira
Van Arte	Edil Jerônimo
Van Figurino	Claytton Silvino

DUBLÊS

Dublê de Gioconda	Fernanda Lages
Coordenador de Ação	William Caldas

FIGURAÇÃO

Adriano Mendonça Dias

Alexandre Martins da Rocha

Aléxia Fabíola da Cruz

Alexia Gusmão de Almeida
Alice Figueiredo Pereira
Ana Beatriz da Silva Pinheiro
Ana Claudia Rangel Pereira
Andreia da Veiga Mueller
Angélica Maciel Mendes
Antonio Eliton Santos de Brito
Barbara Magalhães Dias
Beatriz de Melo Loiola
Bernardo de Assis C. Coelho
Breno Dorneles Feitosa
Camila Nascimento de Paiva
Carla Mai Kowalski
Caroline Oba de Mello Mazzini
Caroline Oliveira Azevedo
Catherine Beranger de Farias Mello
Cauã Oba Mazzini de Souza
Cecilia da Costa
Claudia Camilo da Cruz Baldon
Claudia Carnevale do Carmo Pereira
Cleiane dos Santos Pereira da Silva
Cristiano Morley da Silva
Cristiano Nogueira da Costa
Dandara Menezes de Carvalho de Oliveira
Daniel Felippe Mota Pinho
Danlucio Dias Reis
Denise Tupynamba
Dinorah Mattos
Duane Soares do Espírito Santo
Edilaine da Silva
Eduardo Mezzonato de Almeida
Elaine de Sousa Vasconcellos
Eliana Tatagiba Soares da Silva
Eliane de Oliveira Amaral
Eloisa Marx Winther
Erick de Sousa Campos
Felipe Faria da Silva
Felipe Melo Barbosa Viana
Flavia Bento Veloso
Francisco Salgado Targat
Gabriela Moura R. da Silva

Gabrielle dos Santos Daiub
Gian Araujo
Giovanna Ávila Silva
Graciete Cristiane de Oliveira
Guilherme Henrique de Barros Gonçalves
Gustavo Quintas Pereira
Hélis Regina Braga dos Santos
Ilana Mattos Villar
Isabella Helena Medeiros e Silva
Ivana Veríssimo
Joaquim Moraes M. Valle Del Corso
Joelma Imaculada da Silva
Jonathas David Santos de Araújo
José Augusto da Silva
José Eduardo N. de Mendonça
Julia Melo Barbosa Viana
Juliana de Almeida
Kassia Kellen da Silva
Leonardo David Siqueira Silva
Leonardo Gomes da Silva
Leticia do Valle Santos
Lilian Branco
Livia Pimentel Almeida
Lucas Ferreira Rossi Chrispim
Luciana Braga Moreira
Luciana dos Santos Aguiar Tavares
Luciana Moraes de M. Valle Del Corso
Luis Henrique de Queiroz Correia de Lacerda
Luiz Enrique Silva de Oliveira
Maiara Eleutério de Souza
Marcela Antunes de Melo
Marcelo Sousa Silva
Marcio Luiz Rangel Furquim de Almeida
Mariana Leowalski
Mariana Marciano Lemos
Melanie Aguiar Falcão
Nelson dos Santos
Patricia Bezerra Leite
Paulo Machado Pereira
Pilar Salgado
Priscilla Rodrigues de Oliveira

Raphael Sousa de Moura
Renan Luiz do Rego
Reseleni de Araujo Viegas
Ricardo Ferraro
Ricardo Gustavo Bispo
Richard Ávila Silva
Roberto Pinto Braga
Ronnie Barrias Patriniere
Samantha Queiroz
Sancia Maria de Melo Aires
Saramuty Paulino Fernandes
Silvana Lia de Moura
Simone da Silva Dias
Simone Ferreira
Sofia Leite Esquerdo
Stephania Teresinha de Azevedo
Suelen Nascimento Inacio
Suzane Silva Fernandes
Tania Maria Ribeiro Quintas
Tatiana Alves Figueiredo dos Santos Macedo
Thais Matos da Silva
Thaiza Larissa Martins Nogueira
Theo Kowalski
Ula Schliemann
Vicente de Assis C. Coelho
Victoria Bravo H Venancio
Vinicius Luã Arthur Martins Carneiro
Vivian Perl Cockell
Viviane Ávila Silva
William Gomes da Silva Junior
Wilson Ilidio Magno Oliveira Santos

EQUIPE DE APOIO E INFRAESTRUTURA

Seguranças – BGS Prime
Alisson da Silva Assis
Fernando Azor
José Cleberson
Leonardo Costa
Silvio Coutinho Azevedo

OPERADORES DE TRÂNSITO - MOBILITY

Alexandra Pessoa
Cristiane de Oliveira Borges
Elaine Cristina Albuquerque da Silva
Guilherme Alex Oliveira dos Santos
Natália Aragão Pinto
Paulo Sérgio de Souza Santos
Renata de Lima Diniz

Biossegurança – BGS Prime

Enfermeira Ana Cláudia Rangel Pereira
Sanitizador Diego Mota Paiva
Body Guard Anderson
Técnico de Segurança do Trabalho Eduardo de Jesus Silva Ribeiro

TÉCNICAS DE ENFERMAGEM - ITALAB

Kamila de Souza Simão
Melanie Aguiar Falcão
Milene de Souza Mateus
Thainá Alves de Oliveira
Thais da Cruz Souza

CATERING - PHF CULINÁRIA

Edson Pereira da Silva
Elaine Araújo da Silva
Jackson Cunha Freitas da Silva
Marlene Cristina Barbosa Ferreira
Matheus Pinto Pereira Cabral
Roberta Ferreira da Silva
Robson Alexandre da Silva
Rosângela Maria Fernandes

FORNECEDORES

Aderecista roupa led	Kerrys
Agência de Viagem	Plantel
Autorizações Públicas	Bruno Ferraz
	Body Guard (Anderson)
Banheiro	Banheiro Vip
Cartão alimentação	VR Benefícios e Serviços
Cartão VR Auto	VR Benefícios e Serviços
Câmera	Bravo Câmeras e
	Brian Sewell
Câmera Car	Fox Camera Car
Carros de Cena	Pedro Gaspar
Carro de Câmera/Som	Escobar
Caminhão Pipa	Transportes Montanelli
Caminhão Maquinária/ Elétrica	Top Rio
Consumíveis	All Cine
	Begs
	Forlamp
	Ilma Santos
	Quanta
Equipamento de Elétrica e Maquinária	Quanta
	WFR
Equipamento de Som	Filmes do Bem
Equipamento de Logagem	Juliana Nicolini
Rádios	Mend
Gerador 120kva	NS Geradores
Gerador 6kva	Aleron
Infra SET	Duda Lima (Leoin)
Internet SET/Aluguel de Modem	Áquila
Transporte Figurino/ Infra Base	Duda Lima (Leoin)
Transporte Furgão Figurino	Arthur (Beatriz)

Transport produção/
Transfer TWOLS (Lourdes)
Kit Proteção LF
Papelaria / Consumo Multipel Papelaria
Jucibar
Papelex
Papelaria Nova Copy
Água Mineral JPA Distribuidora Eirele
Motoboys Job Express
Lala Move
Paulo Fernandes
Ônibus Camarim Brenda Turismo
Refletores Aputure Trovão Filmes

AGRADECIMENTOS

ZL TECNOLOGIA
SUBPREFEITURA DA BARRA DA TIJUCA SILCA
LAVA MAX
JOCKEY CLUB BRASILEIRO
MAZZINI
CARLA AMORIM
SILVANA GASPARETTO
VANESSA GASPARETTO
LUIZ AUGUSTO DE QUEIROZ
KATIA MECLER
SILCA
SÃO MIGUEL
GABRIELA SCHLÖMER
RAUL LIMA NETO
MARCYTA AIRES
FERNANDA GHANEM
LUCIENE CUNHA
VIVIAN PERL
GUSTAVO SAMPAIO
VALERIA TRAUER

YARA GOUVEIA
MARCELA MELLO
SHEILA RAMOS
IAFA BRITZ
MAYARA PAZ
RICARDO FERRARO
LUCIANA TAVARES
PATRICIA BEZERRA
GRUPO FRATERNO FRANCISCO DE ASSIS
JULIA FARIAS

Certificados de Investimento Audiovisual
CVM - Comissão de Valores Mobiliários
Interveniente Arcoly Serviços Culturais

ancine
Agência Nacional
do Cinema

DISTRIBUIÇÃO

SONY
PICTURES
INTERNATIONAL
PRODUCTIONS

PRODUÇÃO

Cinética
Filmes

PÓS-PRODUÇÃO – Inova filmes

Coordenadores de VFX	Wellington Anjos
	Paloma Anjos
	Aloisio Junior
Artistas VFX	Alcemir Vieira
	A. Pereira
	Patrick Anjos
	Augusto Anjos
	Bruno Flores
	Enrico Guarischi
	Brena Ximenes
	Natan Campos
	Bruno Espozel
	Allan Branco
Rigging	Gabriel Anjos
3D Simulação	Edu Simas
Colorista	Rafael Gomes
Colorista Assistente	Gabriel Nascimento

MÚSICA

Canção	"Dias Melhores"
Autores	Paulo Alexandre Amado Fonseca
	Marcio Tulio Marques Buzelin
	Rogerio Oliveira de Oliveira
	Marcos Tulio de Oliveira Lara
	Paulo Roberto Diniz Junior
Intérprete/Fonograma	Jota Quest

Sony Music Publishing Brasil

"Orquestra de Jazz Nº 2" Autores: Dmitri Shostakovich

Trilha Sonora Original

Composição Marcelo Manga

Músicas

Assédio e Poder / Medo e Desconfiança / Plano Imperfeito / Pactos e Consequências / Obsessão e Vingança / Cartas na mesa / Novo encontro / Lições do passado

FOTOS

Zibia Gasparetto (*in memoriam*) ao lado do quadro que retrata Lucius, mentor e amigo espiritual da autora. Foto: Silvana Gasparetto.

Visitando a sede da editora com
a Vanessa Gasparetto. Foto: Wagner de Assis.

Uma família "feliz" começa a história de *Ninguém é de Ninguém*. Carol Castro, Danton Mello, Maria Clara Baldoni e Dani Guto em cena. Foto: Reprodução.

Paloma Bernardi treina o tiro ao lado do diretor Wagner de Assis. Foto: Fernando Gomes.

Filmagens com carro nem sempre são tão simples. Foto: Julia Esquerdo.

Fim de filmagens com flores para o elenco. Renata Castro Barbosa recebe os cumprimentos do diretor Wagner de Assis e do produtor Richard Ávila. Foto: Ique Esteves.

Marina Beltrão (maquiagem); Luna Freitas (assistente de figurino); Pilar Salgado (figurinista); Kika Cunha (diretora de fotografia); Ula Schliemann (diretora de arte); Juliana Maldonado (assistente de direção); Marcela Marciano Lemos (continuista); Juliana Nicolini (Logger). Foto: Fernando Gomes.

Os filhos de Roberto e Gabriela, Maria Clara (Maria Clara Baldoni)
e Guilherme (Dani Gutto). Foto: Reprodução.

Gabriela (Carol Castro) e Renato (Rocco Pitanga)
no hospital. Foto: Reprodução.

A diretora de fotografia Kika Cunha e o diretor
Wagner de Assis. Foto: Julia Esquerdo.

Walmir (Saulo Segreto), Renato (Rocco Pitanga), Laura (Gleici Damasceno),
Nicete (Renata Castro Barbosa) e Gabriela (Carol Castrol) na cena
do enterro de Roberto (Danton Mello). Foto: Reprodução.

Os atores Gabriela (Carol Castro) e Renato (Rocco Pitanga)
na gravação de uma cena externa. Foto: Reprodução.

Roberto (Danton Mello), já em espírito, ao lado
de Gabriela (Carol Castro). Foto: Reprodução.

Roberto (Danton Mello) e sua sombra.
Foto: Wagner de Assis.

A empregada Nicete (Renata Castro Barbosa), que tem conhecimentos espirituais e ajuda Gabriela (Carol Castro) nos momentos mais difíceis. Foto: Julia Esquerdo.

O mentor interpretado por Luiz Antonio Pilar.
Foto: Reprodução.

Gabriela (Carol Castro) tenta lavar as más lembranças,
mas o mundo paralelo não deixa. Foto: Reprodução.

A cena final da incorporação com Roberto (Danton Mello), o mentor (Luiz Antonio Pilar), o médium (Fábio de Lucca) e Nicete (Renata Castro Barbosa). Foto: Reprodução.

Momento de bastidores com Arthur Cardoso e Humberto Vayne ao lado da diretora Kika Cunha e da atriz Carol Castro. Trevosos em ação com os devidos efeitos visuais. Foto: Julia Esquerdo.

Wagner, uma ideia, um roteiro, uma câmera
e um filme. Foto: Selmi Yassuda.

Roberto (Danton Mello) atinge Renato (Rocco Pitanga) com um soco
por estar com ciúmes da esposa, Gabriela (Carol Castrol). Foto: Fernando Gomes.

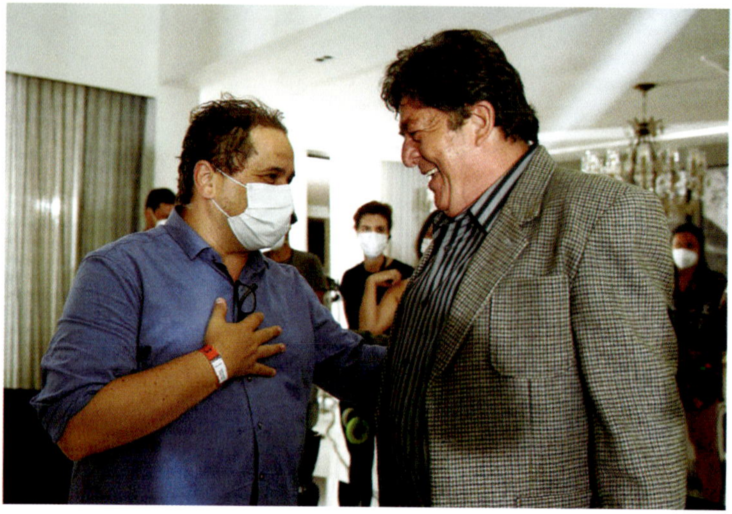

O diretor Wagner de Assis com Stepan Nercessian, que, em participação especial, interpreta o detetive da trama. Foto: Selmi Yassuda.

Cenário do Centro Espírita Francisco de Assis, trabalho da diretora de arte Ula Schliemann e sua equipe. Foto: Ique Esteves.

Carol Castro em momento de descontração no set de filmagens. Foto: Wagner de Assis.

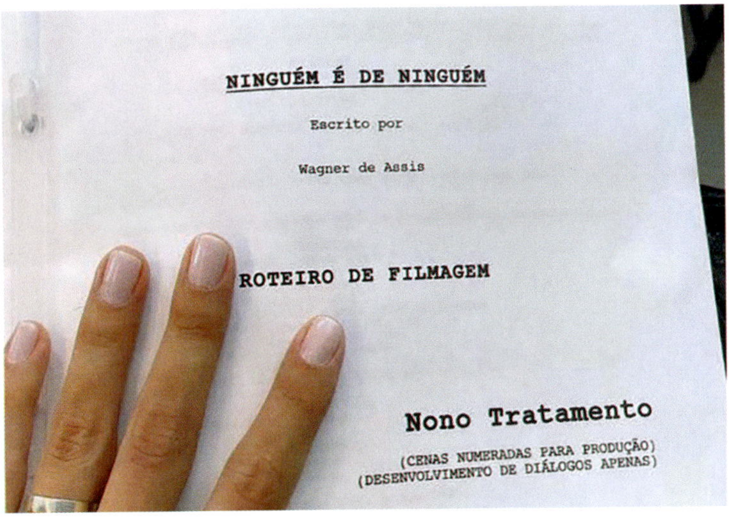

Capa do roteiro, que teve nove versões até chegar às filmagens. Foto: Carol Castro.

Roberto e Gabriela, personagens de Danton Mello e Carol Castro, o casal protagonista do filme, em momento cheio de contradição. Foto: Reprodução.

A atriz Gleici Damasceno como a secretária Laura, mulher espiritualizada que ajuda Gabriela (Carol Castro) a vencer seus desafios. Foto: Reprodução.

Bastidores da cena em que Roberto (Danton Mello), já no mundo espiritual, ataca Gabriela (Carol Castro). A cena teve acréscimo fundamental de efeitos visuais. Foto: Fernando Gomes.

Parte da equipe.
Foto: Ique Esteves.

A diretora de fotografia Kika Cunha pronta para mais um *take* do filme com Carol Castro. Foto: Julia Esquerdo.

Momento de bastidores com Danton Mello, Luiz Antonio Pilar e os atores que representavam espíritos trevosos. A cena ganhou efeitos visuais. Foto: Ique Esteves.

Carol Castro se concentra para entrar em cena como Gabriela.
Um filme em que as sombras também atuaram. Foto: Fernando Gomes.

O diretor, roteirista e produtor Wagner de Assis
posa com a claquete. Foto: Selmi Yassuda.

Gioconda (Paloma Bernardi), Renato (Rocco Pitanga) e Gabriela (Carol Castro) em cena do único momento de encontro das personagens. Foto: Reprodução.

Gabriela (Carol Castro) e Roberto (Danton Mello) em cena, em um dos vários momentos de violência na vida do casal. Foto: Reprodução.

Gioconda (Paloma Bernardi) em seu momento de loucura total. Foto: Julia Esquerdo.

Momento de possessão de Gabriela (Carol Castro). Foto: Reprodução.

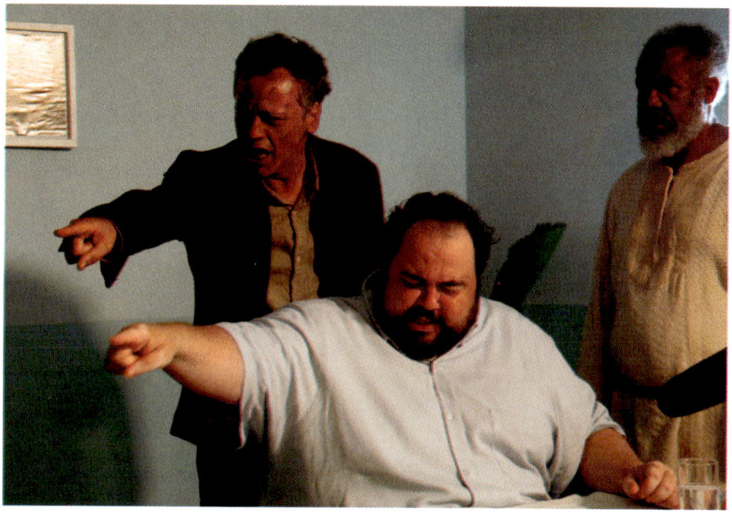

Momento de bastidores: Roberto (Danton Mello) incorpora no médium (Fábio de Lucca), sob a supervisão do mentor (Luiz Antonio Pilar). A cena teve efeitos visuais para mostrar como esse fenômeno ocorre. Foto: Julia Esquerdo.

Momentos de filmagem: Gioconda (Paloma Bernardi) e Roberto (Danton Mello) num embate entre vida e morte. Foto: Wagner de Assis.

Últimos retoques na maquiagem de Carol Castro como Gabriela. Aqui, a personagem está sofrendo terríveis processos obsessivos. Foto: Julia Esquerdo.

Bastidores de Gioconda (Paloma Bernardi) com Arthur Cardoso e Humberto Vayne, que interpretaram os seres trevosos. Foto: Selmi Yassuda.

Sob influência espiritual, Gabriela (Carol Castro) confronta Renato (Rocco Pitanga). Foto: Reprodução.

Pose descontraída antes da filmagem das cenas em que o passado é desvendado e revela o imbróglio entre Roberto (Danton Mello), Gioconda (Paloma Bernardi), Renato (Rocco Pitanga) e Gabriela (Carol Castro). Foto: Fernando Gomes.

Bastidores de filmagem com Gabriela (Carol Castro) e o jogo de sombras e espíritos que a cercam. Foto: Afonso Presto.

Filmagem com chuva.
Foto: Fernando Gomes.

Gabriela (Carol Castro) logo depois de ser acusada de desviar recursos do escritório do qual se tornara sócia. O desespero de uma mulher pressionada por todos os lados. Foto: Reprodução.

Gabriela (Carol Castro) em seu momento mais doloroso e profundo. Foto: Reprodução.

Retoques finais da maquiagem de Marina Beltrão em Paloma Bernardi e as consequências das ações de Gioconda. Foto: Ique Esteves.

A diretora Kika Cunha em ação.
Foto: Julia Esquerdo.

Roberto vai procurar ajuda sobrenatural e encontra
Houdini (Charles Myara), uma espécie de "coach espiritual".
Foto: Reprodução.

"Mago coach espiritual" Houdini (Charles Myara).
Foto: Fernando Gomes.

Carol Castro, Wagner de Assis e Danton Mello.
Foto: Julia Esquerdo.

Roberto (Danton Mello) encontra-se com Gioconda (Paloma Bernardi) em momento de descontrole total causado por ciúmes. Foto: Fernando Gomes.

Claquete pronta para um tiro quase mortal. Danton Mello e Carol Castro a postos. Foto: Julia Esquerdo.

O que o diretor Wagner de Assis estava procurando dentro do cristal? Foto: Fernando Gomes.

Parte do cenário do filme, um *easter egg* de homenagem para Lucius e Zibia. Foto: Reprodução.

Gabriela (Carol Castro) à beira da morte.
Foto: Reprodução.

O LIVRO QUE INSPIROU O FILME
NINGUÉM É DE NINGUÉM
ZIBIA GASPARETTO
Romance ditado pelo espírito Lucius

NINGUÉM É DE NINGUÉM

Há quem pense que sentir ciúme é provar que se ama ardentemente, até descobrir que ele transforma a vida amorosa em dolorosa tragédia, culminando em amarga separação. Se fizermos as contas, perceberemos que sofremos mais com as pessoas que amamos do que com aquelas que nos odeiam. O que você chama de amor não será apenas paixão? Você vive se inferiorizando por não conseguir atingir seus vaidosos ideais e sempre escolhe alguém que terá a terrível tarefa de fazê-lo sentir-se melhor? Tortura essa pessoa para que ela lhe dê uma exaustiva atenção, a mesma que você se nega? Luta para ser o dono absoluto do outro, como se o fato de gostar lhe desse esse direito?

Esta história o fará refletir sobre o falso e o verdadeiro amor e perceber que a vida afetiva é um constante exercício de autodomínio. No final, você descobrirá que só possui a si mesmo, pois ninguém é de ninguém!

VIDA & CONSCIÊNCIA
EDITORA

Rua das Oiticicas, 75 – SP
55 11 2613-4777

contato@vidaeconsciencia.com.br
www.vidaeconsciencia.com.br